AF306048

ESSAY PHILOSOPHIQUE

SUR

LE GOUVERNEMENT CIVIL,

Où l'on traite

De la Néceſſité, de l'Origine, des Droits, des Bornes, & des differentes formes de la Souveraineté;

Selon les Principes

De feu M. FRANÇOIS DE SALIGNAC DE LA MOTTHE-FENELON, Archevêque Duc de Cambray.

SECONDE EDITION,

Revûë, corrigée, & augmentée.

A LONDRES.

M. DCC. XXI.

PREFACE.

QUAND on examine l'Histoire des Empires & des Républiques, on trouve que toutes les Révolutions qui leur sont arrivées viennent de deux Causes principales. L'Amour de l'Autorité sans bornes dans les Princes, & celui de l'indépendance dans le Peuple. Les Souverains jaloux de leur Pouvoir veulent toujours l'étendre. Les Sujets passionnez pour leur liberté veulent toujours l'augmenter.

VOILA ce qui a rendu, & ce qui rendra à jamais le Monde entier comme une Mer agitée, dont les vagues orageuses se détruisent successivement. *L'Anarchie* produit le *Despotisme*. Le *Despotisme* le perd dans l'Anarchie. Le Grand Corps Politique, comme le Corps humain, sera toujours sujet aux

 Mala-

Maladies inévitables, & aux viciſ-
ſitudes perpetuelles. Mais comme
la Révolte continuelle des Paſſions contre la raiſon n'empêche
point qu'il n'y ait une regle de
MORALE ſûre que chaque Particulier doit ſuivre : de même l'im-
poſſibilité de prévenir les Révolutions n'empêche point qu'il n'y
ait des Regles de POLITIQUE
fixes, que tous les Etats doivent
reſpecter.

IL ne s'agit point ici de former un Plan de Gouvernement
exempt de tout inconvenient ; cela
eſt impoſſible. Les Paſſions des
Hommes l'emportent tôt ou tard
ſur les Loix. Tant que *ceux* qui
Gouvernent, ſeront imparfaits,
tout Gouvernement ſera impar-
fait.

MAIS quoiqu'on ne puiſſe pas
prévenir toutes ſortes d'abus, on
doit éviter cependant le plus d'inconveniens qu'il eſt poſſible. La
Medecine eſt une ſcience tres-

utile,

utile, quoique la mort foit inévitable. Cherchons à remedier aux maux du Grand Corps Politique, fans vouloir lui donner l'immortalité. Tâchons d'établir des Maximes qui tendent à rendre les Hommes tout enfemble bons Citoyens, & bons Sujets, Amateurs de leur Patrie, & de leurs Princes, foûmis à l'ordre fans être Efclaves.

LE deffein de cet Effai eft de déveloper les Principes Philofophiques du Gouvernement Civil, & nullement d'approfondir les ftratagêmes Politiques par où les Princes peuvent s'aggrandir. Voilà ce qui fait qu'on cherche les *Loix de la Nature*, & les fondemens du *Droit Civil*, non dans les faits Hiftoriques, ni dans les Coûtumes des Nations, mais dans les idées de la perfection Divine, & de la foibleffe Humaine. C'eft l'une qui eft la Regle de la LOI NATUREL-

ã 3

LE,

LE, & c'est l'autre qui est la Cause des LOIX CIVILES.

C'EST cette *Philosophie Divine*, qui est l'unique fondement sûr & immuable de tous les DEVOIRS. C'est cette *Philosophie*, indépendamment de toute Revelation, qui nous fait regarder L'ETRE SU- PREME comme le Pere commun de toute la Societé Humaine ; & tous les Hommes, comme les En- fans, les Freres, & les Membres d'une même Famille. C'est cette *Philosophie* qui fait qu'on ne se re- garde plus comme un Etre indé- pendant créé pour soi : mais com- me une petite Partie d'un Tout qui compose le Genre Humain, dont il faut préferer le Bien en Général à son Interêt particulier. Voilà la source des sentimens Nobles, & de toutes les Vertus Héroïques.

DÉTRUISEZ au contraire cet- te Philosophie Divine ; il n'y a plus de Principe d'*Union* stable

parmi

parmi les Hommes. Si l'*interét* les pousse, & si la *Crainte* ne les retient point, qu'est-ce qui pourra les empêcher de violer les plus sacrez Droits de l'Humanité? Sans le Respect de la Divinité, toutes les Idées de Justice, de Vérité, & de Vertu, qui rendent la Societé Aimable, ne subsistent plus.

S i la *Religion* étoit fausse, il faudroit la souhaiter vraye pour poser les Fondemens solides de la *Politique.* C'est pour cela que les Legislateurs Payens appuyoient toujours leurs Loix sur le Culte de quelque Divinité.

L a premiere Edition qu'on avoit donné de cet Ouvrage étoit très-imparfaite. Celle-ci est plus correcte, & plus ample. On en a changé l'ordre en plusieurs endroits, pour mettre chaque *vérité* à sa place, & lui donner une nouvelle force par cet Arrangement.

L E

PRÉFACE.

LE seul mérite de l'AUTEUR est d'avoir été nourri pendant plusieurs années des Lumieres, & des Sentimens de feu MESSIRE FRANÇOIS DE SALIGNAC DE LA MOTTHE-FENELON, Archevêque de Cambray. Il a profité des Instructions de cet Illustre Prélat, pour écrire cet *Essai*.

ESSAI

ESSAY
PHILOSOPHIQUE
SUR
LE GOUVERNEMENT
CIVIL.

CHAPITRE I.

Des différens Syſtémes de Politique.

CEux qui ont traité de la Politique, ont voulu établir deux ſortes de principes tout a fait contradictoires.

Les uns rapportent à l'amour-propre, & à l'interêt particulier, ce qu'on appelle la *Loi naturelle*, & toutes les vertus morales & politiques.

A   Selon

Selon eux, nous naissons tous indépendans, & égaux.

Selon eux, les Nations & les Républiques n'ont été formées que par l'accord libre des hommes, qui ne se sont assujettis aux Loix de la societé que pour leur commodité particuliere.

Selon eux enfin, les dépositaires de l'autorité souveraine sont toujours responsables en dernier ressort au peuple qui peut les juger, les déposer, & les changer quand ils violent le contrat originaire de leurs ancêtres.

D'autres soûtiennent au contraire que l'amour de l'ordre & du bien en general, est la source de tous les devoirs de la Loi naturelle. Qu'antecedamment à tout contrat libre nous naissons tous plus ou moins dépendans, inégaux, & membres de quelque societé, à qui nous nous devons. Que la forme du Gouvernement étant une fois établie, il n'est plus permis aux
Particuliers

Particuliers de la troubler, mais
qu'ils doivent souffrir avec patience, quand ils ne peuvent pas empêcher par des voyes légitimes,
les abus de l'autorité souveraine.

Pour juger de ces differens principes, il faut entrer dans la discussion des questions les plus sub-
tiles & les plus délicates de la Politique. Commençons d'abord par
examiner ce que c'est que la Loi
naturelle, & les devoirs, ausquels
elle nous oblige ; car delà dépend
la solution de toutes les difficultez
sur cette matiere.

CHAPITRE II.

De la Loi Naturelle.

LA Loi en general n'est autre chofe que la regle que chaque Etre doit fuivre, pour agir felon fa nature. C'eft ainfi que dans la Phyfique on entend par les Loix du mouvement, les regles felon lefquelles chaque corps eft tranfporté néceffairement d'un lieu dans un autre. Et dans la Morale, la Loi naturelle fignifie la regle que chaque intelligence doit fuivre librement pour être raifonnable.

La Regle la plus parfaite des volontez finies, eft fans doute celle de la volonté infinie; Dieu s'aime fouverainement & abfolument, parce qu'il eft fouverainement & abfolument parfait. Il aime toutes fes créatures inégalement felon qu'elles participent plus ou moins à fes perfections.

Cette

Cette Regle des volontez divines eſt auſſi la Loi naturelle & *uni-*
verſelle de toutes les intelligences;
car Dieu ne peut point donner à
ſes créatures une volonté contraire à la ſienne pour tendre où la
ſienne ne tend pas. (a) *Elle eſt*
éternelle. Dieu ne l'a point faite, elle
eſt auſſi ancienne que la divinité.
C'eſt ſa Loi à lui-même, & dont il
ne ſçauroit diſpenſer ſes créatures
ſans ſe contredire. *Elle eſt immua-*
ble. Dieu n'agit point ici en Légiſ-
lateur qui par ſon domaine abſolu
ſur l'homme l'aſſujettit à certaines
Loix arbitraires, & l'oblige à les
obſerver par les menaces & les ré-
compenſes; comme cette Loi ré-
ſulte immédiatement des rapports
immuables qu'il y a entre les differentes eſſences, elle ne peut ja-

(a) Je ne parle point ici du motif de l'amour
qui peut être le plaiſir, ou la ſenſation agrea-
ble que l'objet aimé excite en nous. Je ne parle
que de la *Regle* de l'amour qui doit être la
perfection des objets.

 mais

mais changer ; au lieu que les Loix positives & arbitraires n'étant fondées que sur les differentes circonstances variables, où les créatures se trouvent, peuvent être changées selon que ces circonstances varient. C'est pour cela que Socrate distingue toujours deux sortes de Loix, l'une qu'il appelle (a) *la Loi qui est,* l'autre (b) *la Loi qui a été faite.*

Aimer chaque chose selon la dignité de sa nature, est donc la Loi *universelle, éternelle & immuable* de toutes les intelligences. Et c'est de cette Loi que découlent toutes les autres Loix, & toutes les vertus soit divines, soit humaines, soit civiles, soit morales. Voyons-en l'étenduë & les suites nécessaires.

1. Il faut respecter l'Etre suprême, & l'aimer d'un amour souverain seul digne de sa Nature. La Religion est le fondement de toute bonne Politique. La difference des

(a) τ ὢν (b) τὸ γινόμενον.

cere-

ceremonies, & du culte exterieur,
par leſquels on exprime ſon ado-
ration interieure ſeroit arbitraire,
& pourroit varier ſelon les differens genies des Peuples, chaque
homme naîtroit dans une liberté
parfaite là-deſſus, ſi Dieu ne nous
avoit pas ôté cette liberté naturelle par une revelation expreſſe.
Mais l'amour & le reſpect de la Divinité eſt une partie eſſentielle de
la Loi naturelle,& un devoir fondé
ſur les rapports immuables qu'il y
a entre le fini & l'infini, indépendamment même de toute revelation.

2. Il faut reſpecter & vouloir
du bien à toutes les Eſpeces particulieres d'Etres produits par cet
Etre ſuprême, à chacun ſelon la
dignité de ſa nature. Delà vient le
reſpect pour les Etres inviſibles ſu-
perieurs à nous, & la compaſſion
pour les Bêtes qui ſont au-deſſous
de nous.

3. Il faut aimer & reſpecter
A 4   cette

cette espece particuliere d'Etres dont nous sommes les Individus & avec qui nous avons un rapport immédiat. Delà viennent l'Humanité, *la Philantropie*, & toutes les autres vertus morales qui rendent l'Homme aimable, & chaque pays la Patrie commune du Genre Humain.

4. Il faut aimer & respecter cette espece particuliere d'Hommes avec qui nous vivons, & dans la societé desquels la Nature nous a fait naître. De là viennent l'amour de la Patrie, & toutes les autres vertus Civiles & Politiques.

5. Il faut aimer & respecter ceux qui ont été les instrumens de notre existence, & avec qui nous sommes liez par la Naissance & le Sang. Voilà l'amour de la famille, & le respect paternel, que les Romains appelloient *Pietas parentum*.

6. Il faut nous aimer nous-mêmes, comme étant une petite parcelle

celle de ce grand Tout qui com-
pofe l'Univers. L'Amour-propre
bien reglé & légitime ne doit tenir que le dernier lieu. Ce feroit
une chofe monftrueufe de fe préferer à toute fa famille, fa famille à toute fa Patrie, fa Patrie à
tout le genre humain ; Car l'a-
mour raifonnable fe reglant toujours fur le degré de perfection &
d'excellence de chaque objet,
commence par l'Univerfel & def-
cend par gradation au Particulier.
Au contraire le foin qu'il faut
avoir de faire remplir à chacun les
devoirs de cette Loi éternelle doit
commencer par le Particulier &
remonter au General. La raifon eft
que la capacité d'aimer étant infinie, l'homme ne doit jamais la
borner à rien de particulier ; mais
fa capacité d'entendre étant très-
finie, il ne peut pas s'appliquer également aux befoins de tout le genre humain.

On renverfe ce bel ordre en
con-

confondant toujours deux choses tout à fait distinctes. Le soin que chaque Etre particulier doit avoir de se perfectionner, & de se conserver, avec cet amour d'estime & de preference qu'il faut toujours regler selon la perfection des objets. La conservation propre est le premier de tous les soins, parce que nous ne pouvons pas songer à tout ; & que nous sommes plus immédiatement chargez de nous-mêmes, que de tout le reste du genre humain. L'amour-propre est le dernier de tous les amours, parce que notre Etre borné n'étant qu'une petite parcelle de ce grand Univers, avec lequel nous faisons un Tout, il ne faut pas rapporter la Totalité de perfection à la partie, mais la partie au Tout. Nous devons songer plus immédiatement à notre propre conservation qu'à celle d'aucun autre homme particulier comme nous. Nous devons plus à notre famille propre,

qu'à

qu'à une autre famille étrangere.
Nous devons plus à notre Patrie
dans le ſein de laquelle nous avons
été inſtruits, élevez, & protegez
pendant notre enfance, qu'à une
autre ſocieté particuliere d'hommes, que nous n'avons jamais vû.
Toutes choſes égales, nous devons
plus au Particulier dont nous ſommes immédiatement chargez par
la Nature, ou la Providence, qu'au
Particulier auquel nous n'avons
aucun rapport. Mais quand il s'a-
git du bien particulier comparé
avec le bien general, il faut toujours préferer le ſecond au premier. Il n'eſt pas permis de ſe conſerver en ruinant ſa famille, ni
d'agrandir ſa famille en perdant
ſa Patrie, ni de chercher la gloire
de ſa Patrie en violant les Droits
de l'Humanité. C'eſt ſur ce principe qu'eſt fondé ce qu'on appelle
le *Droit des Gens* & *la Loi des Nations.* Comme les ſujets de chaque
Etat doivent être ſoûmis aux Loix

de

de leur Patrie, quoique ces Loix
soient quelquefois contraires à leur
interêt particulier ; de même chaque Nation séparée, doit respecter les Loix de la Patrie commune,
qui sont celles de la *Nature*, & des
Nations, au préjudice même de
son interêt propre, & de son ag-
grandissement. Sans cela il n'y auroit point de difference entre les
guerres justes & injustes ; les Con-
querans les plus ambitieux pourroient usurper le Domaine de leurs
voisins, & les Etats qui auroient
le plus de force seroient en droit
de faire ce qu'ils font souvent contre toute Loi & toute Justice. Quelle difference entre ces idées & celles qui nous enseignent que l'Univers n'est qu'une même République gouvernée par un pere commun ; que les Rois de la terre sont
soûmis à la même Loi generale
que les Particuliers de chaque Etat ;
que cette Loi éternelle, immuable,
universelle, est de preferer toujours

le

le bien general au bien particulier.

Les Libertins & les Amateurs de l'indépendance diront que ce n'eſt pas raiſonner que d'introduire ainſi dans la politique les maximes de la Religion. Mais je ne parle point de la Religion revelée, je ne parle que de ce reſpect de la Divinité qui eſt fondé ſur la raiſon. Je n'admets ici aucuns principes que ceux qui ſe tirent de la lumiere naturelle. Je ne dis que ce ce qu'ont dit avant moi tous les grands Legiſlateurs & Philoſophes, ſoit Grecs, ſoit Romains; ſçavoir, qu'il eſt impoſſible de fixer les vrais principes de la Politique ſans poſer ceux de la Religion. (*a*) *Il y a*

(*a*) *De Nat. Deor. lib.* 1. Sunt enim Philoſophi & fuerunt qui omninò nullam habere cenſerunt humanarum rerum procurationem Deos. Quorum ſi vera ſententia eſt, quæ poteſt eſſe pietas? quæ ſanctitas? quæ Religio? . . . quibus ſublatis perturbatio vitæ ſequitur, & magna confuſio. Atque quidem haud ſcio an pietate adverſùs Deus ſublata fides etiam & ſocietas humani generis, & una excellentiſſima virtus juſtitia tollatur.

eu des Philosophes, dit Ciceron, *qui nioient que les Dieux s'interessassent aux choses humaines. Si leur opinion est vraye, où est la pieté, où est la Sainteté, où est la Religion ? .... & si l'on anéantit ces choses, tout tombe dans la confusion & le trouble. Car en détruisant le respect de la Divinité, on détruit toute foi parmi les hommes, toute societé, & toute justice, la plus admirable de toutes les vertus.*

On objectera peut-être que tout ce qu'on a dit de la Loi naturelle, éternelle, immuable & commune à toutes les intelligences, font des idées Romanesques & chimériques. Que rien n'est plus contradictoire que les sentimens & les coûtumes des differens Legislateurs, & des differens Peuples sur la Loi naturelle. Que Platon vouloit établir la communauté des Femmes. Que Lycurgue sembloit approuver la prostitution. Que Solon permettoit aux Athéniens de tuer leurs propres enfans. Que les

Perses

Perses époufoient leurs meres & leurs filles ; les Scythes mangeoient de la chair humaine ; les Getuliens & les Bactriens , par politeffe , permettoient à leur femmes d'avoir commerce avec les étrangers. De forte qu'il n'y a point de Loi fixe & immuable dans laquelle tout le Monde convienne ; au contraire dans chaque Pays & dans chaque Etat ce que l'un juge honnête, l'autre le condamne comme malhonnête.

Mais eft - ce raifonner que de parler ainfi ? Tous les hommes ne font pas raifonnables ; donc la raifon n'eft qu'une chimere. Tous n'apperçoivent pas faute d'attention & de fcience les rapports & les proprietez des lignes ; donc il n'y a point de démonftration geométrique. L'homme à la verité n'eft pas toujours attentif à cette Loi naturelle, il ne la fuit pas même, quand il la découvre ; mais la défobéiffance & le défaut d'attention

tention

tention n'anéantissent point la force & la justice de cette Loi. Elle n'est point fondée sur l'accord des Nations, & sur le consentement libre des Législateurs ; mais sur les rapports immuables de notre Etre à tout ce qui l'environne. Nous examinons ce que les hommes feroient s'ils étoient raisonnables, & non pas ce qu'ils font quand ils suivent leurs passions.

D'ailleurs la plûpart de ces abus ne font que de fausses consequences que les Payens tiroient de cette grande Loi que nous venons d'établir. Platon & Lycurgue ne prétendoient point favoriser les passions honteuses & brutales, mais ils permettoient le mélange libre des deux Sexes fait avec modestie dans un certain tems de l'année, afin que les enfans ne reconnussent point d'autre famille que la Patrie, ni d'autres peres que les Conservateurs des Loix. Maxime contraire à la Sainteté de nos Mariages, maxime

xime cependant fondée, à ce que croyoient ces Légiſlateurs, ſur l'amour de la Patrie. Ils ſe trompoient ſans doute dans ces conſequences. Mais en ſe trompant ils tendoient à cette Loi éternelle, & immuable que tous doivent ſuivre. (*a*) Ciceron nous aſſûre que c'étoit le ſentiment des Platoniciens, des Stoïciens, & de tous les Sages de l'antiquité, que *la Loi n'a point été une invention de l'Eſprit humain,*

(*a*) *Cic. lib.* 1. *& 2. de leg. & 4. de fin.* Hanc igitur video ſapientiſſimorum fuiſſe ſententiam, legem neque hominum ingeniis excogitatam, neque ſcitum aliquod eſſe populorum, ſed æternum quiddam quod univerſum mundum regeret imperandi prohibendique ſapientia. Ita principem legem illam & ultimam mentem eſſe dicebant. Omnia ratione aut cogentis aut vetantis Déi. Ex quâ illa lex quam Dii humano generi dederunt rectè eſt laudata. . . . quæ vis (ſive lex) non modo ſenior eſt quam ætas populorum & civitatum, ſed æqualis, illius cœlum atque terras tuentis & regentis Deï. . . quæ non tum denique incipit lex eſſe cum ſcripta eſt, ſed tum cum orta eſt, orta autem ſimul eſt cum mente divinâ. Quamobrem lex vera atque princeps apta ad jubendum & vetandum ratio eſt recta ſummi Jovis.

ni un reglement établi par les differens Peuples, mais quelque chose d'é-
ternel. Que cette Loi a non-seulement
precedé l'Origine des Peuples & des
Societez, mais qu'elle est aussi ancienne que la Divinité méme. Qu'elle n'a
pas commencé d'être une Loi quand
elle a été écrite, mais qu'elle l'a été
dès sa premiere Origine ; que son Origine est la méme que celle de l'Esprit
divin ; parce que la vraye & souveraine Loi n'est autre que la suprême
Raison du Grand Jupiter.

CHAPITRE III.

L'homme naît sociable.

JE n'entends point ici par être
sociable, vivre ensemble, & se
voir dans certains lieux, & en certains tems. Les bêtes les plus féroces le sont de cette sorte. On peut
se voir chaque jour sans être en
commerce de societé ; on peut vivre séparé de tous les hommes &
être

être fociable. Par focieté j'entends *un commerce mutuel d'amitié.* Or tous les Etres raifonnables font obligez par la Loi immuable de leur nature, de vivre ainfi enfemble. *Ceux qui ont une même Loi commune doivent être regardez,* dit Ciceron, (a) *comme Citoyens d'une même Ville. L'Univers,* continuë-t'il *, eſt une grande République, dont les Dieux inferieurs, & les hommes font les Citoyens, & le grand Dieu Tout-puiſſant le Prince & le Pere commun. Si la raiſon eſt commune à tous, la Loi nous eſt commune auſſi,* dit l'Empereur Marc Antonin. (b) *La Loi étant commune nous ſommes Concitoyens ; nous vivons donc ſous une même police ; & le monde entier n'eſt par conſequent que comme une Ville.*

(a) *Cic.* 1. *lib. de leg.* Inter quos eſt communio legis civitatis ejuſdem habendi ; ſunt unde univerſus hic mundus una civitas communis Deorum atque hominum exiſtimanda eſt.

Lib. 4. §. 4. Λόγος Κοινος. Εἰ τῦτο ἢ ὁ νόμος Κοίνος. Εἰ τῦτο πολίται ἐσμῦ. Εἰ τῦτο πολιτεύματος τίνος μετεχόμεν. Εἰ τῦτο ὁ Κόσμος ὡσάγει πόλις ἐςὶ.

B 2　　　L'idée

L'idée est belle & lumineuse; & nous montre quel est le premier principe d'union & de societé parmi les hommes. Toutes les intelligences qui se connoissent sont obligées de vivre dans un commerce mutuel d'amitié, à cause de leur rapport essentiel au Pere commun des Esprits, & de leur liaison mutuelle comme membres d'une même République qui est gouvernée par une même Loi. C'est ainsi que nous concevons qu'il peut y avoir une societé d'amour parmi les pures intelligences, dont le bonheur commun est augmenté par la joye, & le plaisir noble & genereux qu'a chacune, de voir toutes les autres heureuses & contentes. C'est ainsi que les Dieux inferieurs pour parler comme les Payens, ou plutôt les hommes divins affranchis des liens corporels, peuvent sans que nous nous en appercevions avoir de la societé avec les hommes mortels, en leur donnant des secours invisibles. De-

Delà eſt venuë l'idée qu'avoient les Payens du commerce, qu'ils ſuppoſoient entre les Divinitez & les Hommes, & toutes ces fictions des Dieux, des demi-Dieux, des Déeſſes, des Nayades, &c. qui protegeoient les Humains, & converſoient avec eux dans les tems héroïques & fabuleux. C'eſt ainſi que chaque homme en tant qu'il eſt un Etre raiſonnable, indépendamment de ſon Corps, & de ſes beſoins, doit ſe regarder comme membre de la ſocieté humaine, Citoyen de l'Univers, & partie d'un grand Tout, dont il doit chercher le bien general preferablement à ſon bien particulier.

Mais outre ce premier principe d'union & de ſocieté qui eſt ſans doute le plus noble; il y en a deux autres qui méritent d'être conſidérez. L'indigence corporelle & l'ordre de la generation.

L'Indigence de l'Homme eſt plus grande que celle des Animaux.

maux. Il naît foible & incapable
de se secourir & de demander aux
autres ce dont il a besoin. Tous
les autres Animaux au bout de
quelques semaines sont en état de
se procurer, ce qui est néccssaire
pour leur conservation. L'homme
au contraire pendant plusieurs années languit dans un état d'enfance & de foiblesse, il ne vit qu'à
demi ; il est dans l'impuissance par
lui-même de se garantir contre les
injures de l'air, contre la violence
des Animaux, & contre les passions
des autres Hommes.

L'Auteur de la Nature a fait
naître l'Homme ainsi indigent,
afin de nous rendre la Société nécessaire. Il auroit pû créer chacun
de nous avec une suffisance de
bonheur, & de perfection, pour
vivre seul, séparé de tous les autres
Hommes : mais il ne l'a pas voulu
afin de nous donner occasion d'i-
miter sa bonté communicative, en
contribuant mutuellement à notre
bonheur,

bonheur, par les devoirs d'une amitié réciproque.

L'Etre souverain a lié les Hommes ensemble non-seulement par l'Indigence, & le besoin mutuel qu'ils ont les uns des autres, mais encore par l'ordre de leur naissance. Il auroit pu créer tous les hommes d'un même sexe tout à la fois, & dans l'indépendance les uns des autres : mais il ne l'a pas voulu, afin que les liens du sang & de la naissance tinssent lieu de ceux de la charité, & de l'amitié ; & que les uns contribuassent à former & à fortifier les autres. Je ne parle pas encore du pouvoir paternel, ni de l'ordre de la generation, en tant qu'elle est une source d'auto-rité ; mais seulement en tant qu'el-le est une source d'union & de societé. Par cet ordre admirable de la Propagation, les Peres re-gardent les enfans comme une par-tie d'eux-mêmes ; & les enfans re-gardent leurs Peres comme les au-

teurs

teurs de leur exiftence, & ils font
difpofez par là à fe rendre les uns
aux autres les devoirs de tendreffe
& de gratitude, d'amour & de
refpect.

Outre ce lien d'union que Dieu
a formé parmi les hommes par
l'ordre de la generation, il y en
a encore un autre qui en réfulte.
C'eft l'amour de la Patrie. Les
Hommes ne naiffent pas libres de
s'affujettir à telle focieté qu'ils vou-
dront, ou de former de nouvelles
focietez felon leur caprice. Ceux
à qui nous devons notre naiffance,
notre confervation, notre éducation, acquierent par là un Droit
fur nous, qui nous oblige à la reconnoiffance, au refpect, à l'a-
mour. La Patrie n'eft autre chofe
que *la reunion de tous les Peres de Famille dans une même focieté.* L'amour
de cette Patrie n'eft pas une chimere inventée par ceux qui ont
envie de dominer. Il eft fondé fur
le refpect paternel ; & abfolument

néceffaire

néceffaire pour le bien de la focieté. Car s'il étoit permis à chacun d'abandonner fon Pays , comme un Voyageur qui paffe de Ville en Ville felon fon goût & fa commodité, il n'y auroit plus de focieté fixe & conftante fur la terre.

Tous les Hommes étoient originairement membres d'une même famille , ils ne parloient qu'une même Langue , ils ne devoient avoir tous qu'une même Loi ; mais ayant perdu ce principe d'union qui les auroit rendu tous également Citoyens de l'Univers , il n'étoit plus à propos que le Monde leur fût commun à tous. Pour les empêcher d'être errans & vagabons fur la terre, fans ordre, fans union, fans regle ; il étoit néceffaire de les fixer, & de les attacher à des focietez particulieres par la difference des Langues, des Loix & des Climats.

Les Hommes naiffent donc fociables par la Loi commune & im-
C muable

muable de leur nature intelligen-
te, par l'indigence corporelle &
par l'ordre de la generation.

Loin d'ici toutes ces monstrueu-
ses idées qui nous enseignent que
l'Homme n'est naturellement &
originairement engagé à être sociable que par la seule crainte d'ê-
tre opprimé ; que s'il étoit sûr de
ne rien souffrir lui-même, il pourroit vivre libre & indépendant de
tous les autres ; que les societez ne
se forment que par un Contrat arbitraire, comme les Compagnies de
Marchands qui s'associent librement pour faire le Commerce &
s'en retirent quand ils n'y trouvent
plus leur profit. Il est vrai que la
crainte, l'avarice, l'ambition &
les autres passions rendent le Gouvernement & la subordination nécessaires, mais être sociable, c'est
un caractere essentiel de l'humanité.

CHA-

CHAPITRE IV.

*Les Hommes naiſſent tous plus
ou moins inégaux.*

QUoique les Hommes ſoient
tous d'une même eſpece, capables d'un même bonheur, également images de la Divinité ; c'eſt
cependant ſe tromper beaucoup
que de croire cette égalité de Nature, incompatible avec une veritable ſubordination. Il eſt certain que les Hommes different les
uns des autres par leurs qualitez
perſonnelles. Leur Etre eſt d'une
même eſpece, mais leurs manie-
res d'Etre ſont infiniment differentes, & ces differences ſont les fondemens d'une ſuperiorité antece-
dante à tout Contrat. Or ces differences peuvent être réduites à
deux Chefs généraux. La ſupériorité naturelle qu'il y a dans l'ordre des eſprits, & la dépendance néceſſaire qu'il y a dans l'ordre de la

 la

la génération corporelle.

La sagesse, la vertu, & la valeur donnent un droit naturel à la préference.

Par droit naturel j'entends un pouvoir fondé sur la Loi naturelle. Selon la Loi naturelle nul homme ne doit dominer sur un autre. Tous doivent se soûmettre à la raison ; c'est elle seule qui a droit de commander, donc ceux qui sont plus en état de découvrir ce qui est le plus raisonnable, c'est-à-dire *les plus sages* ; Ceux qui peuvent le suivre malgré leurs passions, c'est-à-dire les plus *vertueux*, ceux qui sont en état de le faire executer aux autres en leur imprimant du respect & de la crainte, c'est-à-dire les plus *courageux*, ont sans doute plus de droit d'être choisis pour commander, que les ignorans, les méchans, & les foibles.

C'est ainsi que certains Hommes par la supériorité de leur esprit, par leur sagesse, leur vertu,

&

& leur valeur, naiſſent propres à gouverner ; tandis qu'il y en a une infinité d'autres qui n'ayant point ces talens ſemblent nez pour obéïr. L'Ordre de la Providence voulant qu'il y eût un Gouvernement, & par conſequent une ſubordination, il falloit que l'ordre de la Nature y conſpirât, & qu'il y eût une difference de talens naturels pour ſoûtenir cette ſubordination.

Mais outre cette ſupériorité qui vient des qualitez perſonnelles, il y en a un autre qui vient de l'ordre naturel de la génération.

Les amateurs de l'indépendance tâchent d'avilir le reſpect paternel par pluſieurs raiſonnemens frivoles. *Nous ne devons rien*, diſent-ils, *à nos Peres pour avoir été les inſtrumens de notre naiſſance. Nos ames viennent immediatement de Dieu. L'intention de nos Peres en procréant nos corps a été plutôt de ſe procurer du plaiſir que de nous donner l'Etre.*

Le deſſein plus ou moins déſin-
C 3 tereſſé

téressé du Bienfaicteur, n'anéantit
pas le bienfait. Quelle que soit
l'intention de nos parens en nous
procréant, il est certain que nos
corps font partie de leur substance.
Ils sont les instrumens de notre
existence, par consequent nous
devons toujours les envisager comme les premieres occasions de tout
le bonheur qui nous peut arriver.
Nous devons souvent tres-peu à la
créature qui est l'instrument, &
la simple occasion des biens qui
découlent de l'Auteur de tous les
Biens, mais nous devons tout à son
ordre. Or son dessein en établissant
cet ordre de la génération n'a été
que pour unir les hommes & les
obliger à se rendre les uns aux
autres, les devoirs mutuels de ten-
dresse, & de reconnoissance, d'a-
mour & de soûmission.

Le pouvoir paternel est encore
fondé sur les obligations que nous
avons à nos parens, pour la protection qu'ils donnent à nos corps,

&

& l'éducation qu'ils donnent à nos efprits. Par l'un, ils nous donnent les fecours néceffaires dans la foibleffe extrême de notre enfance ; par l'autre, ils nous rendent capables de connoître nos differens devoirs quand nous fommes parvenus à l'âge de raifon. Selon l'ordre divin & humain, de la Providence & de la Police, les Peres font refponfables à Dieu & aux Hommes de ce que font leurs enfans avant l'âge de la raifon. Chaque Pere de famille antecedamment à tout contrat a donc un droit de gouverner fes enfans, & ils doivent par gratitude le refpecter même après l'âge de la raifon comme l'auteur de leur Naiffance & la caufe de leur Education.

Un état d'égalité & d'indépendance où tous les Hommes auroient un droit égal de juger & de commander, feroit donc contraire à l'ordre de la génération & abfolument inconcevable ; à moins de
C 4   fuppofer

supposer avec les Poëtes , que les
Hommes nâquirent du limon, comme les grenoüilles , ou qu'ils sor-
tirent de la terre comme les compagnons de Cadmus tous à la fois,
avec toute la taille & toute la force
d'un âge parfait. Cet état seroit
aussi contraire à la raison , puisque
les personnes les plus ignorantes &
les plus incapables de juger , auroient autant de droit de commander & de décider que les esprits les
plus éclairez.

Cette égalité parfaite est absolument incompatible avec l'humanité aveugle, & séduite par ses
passions. L'homme qui aime l'é-
levation & l'autorité ne restera jamais de niveau avec les autres,
quand il pourra s'élever au dessus
d'eux. L'amour-propre rend chacun idolâtre de soi , & Tyran des
autres quand il le peut devenir im-
punément. Les plus grands Partisans de cette égalité imaginaire ont
été toujours les maîtres les plus

despotiques

defpotiques quand ils ont eu l'au‑
torité en main. L'aimable égalité
où la raifon feule préfide ne peut
pas fubfifter parmi les Hommes
corrompus. Les efprits fuperficiels
& imaginatifs peuvent s'éblouïr
par ces belles idées, mais une pro‑
fonde connoiffance de l'Homme
nous en détrompera.

CHAPITRE V.

De la néceffité d'une Autorité Souveraine.

SI les Hommes fuivoient la Loi
naturelle, chacun feroit par
l'amour de la vertu ce qu'il fait
par crainte & par interêt. On n'au‑
roit pas befoin de Loix pofitives,
ni de punitions exemplaires. La
raifon feroit notre Loi commune,
les Hommes vivroient dans une
fimplicité fans fafte, dans un com‑
merce mutuel de bienfaits fans pro‑
priété, dans une égalité fans ja‑
loufie ;

Jalousie ; on ne connoîtroit d'autre supériorité que celle de la vertu, ni d'autre ambition que celle d'être généreux, & désinteressé. C'est sans doute l'idée de cette état si conforme à la nature raisonnable qui a donné occasion à toutes les fictions des Poëtes sur le siecle d'Or & le premier âge de l'Homme.

Les Annales sacrées & profanes nous montrent que l'Homme n'a pas suivi longtems cette Loi naturelle ; notre experience nous convaincra du moins qu'il ne la suit pas à présent. L'amour-propre déreglé a rendu l'Homme capable de deux passions inconnuës même aux animaux ; l'avarice & l'ambition : un desir insatiable de s'approprier les biens dont il n'a pas besoin pour sa conservation, & de s'attribuer une supériorité que la nature ne lui donne pas.

A regarder l'humanité ainsi affoiblie & aveuglée par les passions, on ne voit dans les Hommes qu'u-

ne

ne liberté sauvage, où chacun veut tout prétendre, & tout contester; où la raison ne peut rien, parce que chacun appelle raison la passion qui l'anime ; où il n'y a ni proprieté, ni domaine, ni droit, si ce n'est celui du plus fort, & chacun le peut devenir tour à tour.

Le Gouvernement est donc absolument nécessaire pour regler la proprieté des biens & le rang que chacun doit tenir dans la Societé ; afin que tout ne soit pas en proye à tous, & que chacun ne soit pas l'esclave de tous ceux qui sont plus forts que lui.

L'Ordre demande que la multitude ignorante & méchante ne soit pas libre de juger par elle-même, & de faire tout ce qu'elle croit à propos. Il est absolument nécessaire, à moins de vivre dans une Anarchie affreuse, où le plus fort fait tout ce qu'il veut, qu'il y ait quelque puissance suprême aux décisions de laquelle tous soient soûmis.

Il

Il faut donc néceſſairement que tout Gouvernement ſoit abſolu. Je n'entends point par *abſolu* un pouvoir arbitraire de faire tout ce qu'on veut, ſans autre reglé, & ſans autre raiſon, que la volonté deſpotique d'un ſeul, ou de pluſieurs Hommes. A Dieu ne plaiſe, que j'attribuë un tel pouvoir à la créature, puiſque le ſouverain Etre ne l'a pas lui-même. Son Domaine abſolu n'eſt pas fondé ſur une volonté aveugle. Sa volonté ſouveraine eſt toujours reglée par la Loi immuable de ſa ſageſſe. Rejettons donc avec un celebre Poëte (a) de nos jours ces monſtrueuſes idées d'un pouvoir arbitraire qui enſeignent

Qu'un Roi n'a d'autre frein que ſa volonté même.

Qu'il doit immoler tout à ſa grandeur ſuprême.

Qu'aux larmes, au travail, le peuple eſt condamné,

(a) *Athalie de Racine.*

Et d'un sceptre de fer, veut être gouverné.

Par le pouvoir *absolu* je n'entends autre chose qu'une Puissance qui juge en dernier ressort. Dans tout Gouvernement il faut qu'il y ait une telle Puissance suprême ; car puisqu'on ne peut pas multiplier les Puissances à l'infini, il faut absolument s'arrêter à quelque degré d'autorité superieur à tous les autres, & dont l'abus soit réservé à la connoissance & à la vengeance de Dieu seul.

Or, quelle que soit la forme du Gouvernement, soit Monarchique, Aristocratique, Démocratique, ou Mixte ; il faut toujours qu'on soit soûmis à une décision souveraine, puisqu'il implique contradiction de dire qu'il y ait quelqu'un au-dessus de celui qui tient le plus haut rang.

Cette nécessité absoluë qu'il y ait parmi les Hommes une supériorité & une subordination, est

une

une preuve convainquante que le Gouvernement en général n'eſt pas un établiſſement libre dont on peut ſe diſpenſer. Rien ne ſeroit plus pernicieux dans la pratique que ce Principe. Dans tout Contrat libre les Contractans ſont toujours en droit de le rompre quand l'un d'eux manque aux conditions ſtipulées. Par là , chaque Particulier devient libre & indépendant de l'Autorité ſouveraine quand elle lui fait injuſtice. Il n'y a plus de Gouvernement aſſûré. Ce n'eſt pas la Royauté ſeule qui eſt en danger , les Sénats les plus reſpectables , & les Républiques les plus ſagement établies ſont expoſez ſans ceſſe à l'Anarchie la plus affreuſe.

Les formes du Gouvernement peuvent être indifferentes & plus ou moins parfaites , mais l'indépendance & l'Anarchie étant abſolument incompatibles avec les beſoins préſens de l'humanité, & tout à fait contraires à ſa Nature ſociable,

fociable , il faut néceffairement
pour conferver l'ordre & la paix
que les Hommes foient foûmis à
quelque Puiffance fuprême.

Par cette union du Corps Politique fous un ou plufieurs Magiftrats Souverains , chaque Particulier acquiert autant de force que
toute la Societé en commun. S'il
y a dix millions d'Hommes dans
la République , chaque Homme a
de quoi réfifter à ces dix millions ,
par leur dépendance d'un pouvoir
fuprême qui les tient tous en bride,
& qui les empêche de fe nuire les
uns aux autres. Cette multiplication de force dans le grand Corps
Politique reffemble à celle de chaque membre du corps humain. Sé-
parez-les, ils n'ont plus de vigueur ;
mais par leur union mutuelle , la
force commune augmente , & ils
font tous enfemble un corps ro-
bufte & animé.

La fubordination & le Gouvernement étant néceffaires , voyons
qu'elle

qu'elle est la source de l'autorité souveraine.

CHAPITRE VI.

De la source de l'Autorité souveraine.

PAr l'autorité suprême, on entend *un pouvoir de faire des Loix, & d'en punir le violement même par la mort.*

La souveraine raison a seule le Droit originaire de borner la liberté de la créature par des Loix. Le Créateur Tout-Puissant qui donne la vie a seul le Droit de l'ôter. C'est Dieu seul dont le Domaine sur l'être & sur le bien être de sa créature est absolu, qui possede pleinement & essentiellement le Droit de la regler, & d'en punir les déréglemens. Il n'y a donc qu'une source primitive de toute autorité, c'est la *Dépendance Naturelle*, où nous sommes de l'Empire de Dieu, comme souveraine sagesse, & comme Auteur de notre Etre.

La

La néceffité abfoluë, qu'il y ait fur la terre quelqu'autorité fuprême qui faffe des Loix, & qui en puniffe le violement, eft une preuve auffi convainquante que Dieu qui aime effentiellement l'Ordre, veut que fon autorité foit confiée à quelques Juges fouverains, que s'il l'avoit déclaré par une révélation expreffe à tout le genre humain.

Le Droit donc qu'ont une ou plufieurs perfonnes de gouverner préférablement aux autres ne vient que de l'Ordre exprès de la Providence. Comme dans le Phyfique & le Naturel, il y a une action fecrete & univerfelle du premier moteur, qui eft l'unique fource de toute la force, de tout l'Ordre, de tous les mouvemens que nous voyons dans la Nature; de même dans le Gouvernement du monde il y a une Providence fouveraine & cachée qui arrange tout felon fes deffeins éternels. Tous les momens de notre exiftence font liez

avec une éternité de siecles futurs,
& tout ce qui se fait en chaque
moment a rapport à ce qui peut
arriver dans tous les autres. La liberté intérieure de la créature de-
meure parfaite, absoluë, indépendante de toute prédétermination,
de toute prescience, de tout arrangement qui la contraint ou la
détruit. Mais l'état, le rang, les
circonstances exterieures où chacun de nous se trouve sont reglez
avec poids & mesure. Tous les differens évenemens qui paroissent
aux Hommes aveugles, les effets du
hazard, ou de leur vaine sagesse,
sont tellement enchaînez les uns
avec les autres qu'ils contribuent
à accomplir les desseins du souverain Etre qui conduit tout à ses
fins. Souvent même ce qui paroît
le plus indigne de notre attention
devient le ressort des plus grands
changemens. Le moindre mouvemens d'un Atome peut causer des
révolutions innombrables dans le
monde.

monde. Un petit infecte venimeux voltigeant dans l'air pique la main d'un Jeune Prince, elle s'enflâme, l'inflammation augmente, l'enfant Royal meurt, il s'éleve des difputes fur la fucceffion, l'Europe entiere s'y intereffe, les Guerres commencent par tout, les Empires font renverfez, & le premier Mobile de toutes ces révolutions a été l'action d'un animal invifible.

Ce n'eft donc pas par hazard que les uns naiffent pauvres, les autres riches, les uns grands, les autres petits, les uns Rois, les autres Sujets. Ce partage inégal des biens & des honneurs de ce Monde eft fait avec une fageffe infinie qui fçait ce qui convient à chacune de fes créatures.

Par là les Grands ont occafion d'imiter la bonté divine en protegeant les petits, & les petits d'exercer la reconnoiffance en rendant des fervices aux Grands ; & par ce commerce mutuel de bien-

 faits,

faits, les uns & les autres doivent entretenir l'union & l'Ordre dans la societé. La distinction des rangs attachée souvent à des choses qui ne sont par elles-mêmes d'aucune valeur, doit empêcher les Grands de mépriser leurs inferieurs, & engager les petits à respecter les Grands à cause que l'Ordre veut qu'il y ait une subordination parmi les Hommes. Cette inégalité de rangs & ces dignitez qui révoltent souvent, quand on ne regarde que ceux qui en sont revêtus, deviennent pourtant justes quand on les considere comme des suites de l'ordre établi pour conserver la Paix de la societé.

Violer les droits de la subordination établie est donc un crime de leze-Majesté divine ; vouloir renverser la superiorité des rangs, réduire les Hommes a une égalité imaginaire, envier la fortune & la dignité des autres, ne se point contenter de la médiocrité & de la
bassesse

baſſeſſe de ſon état , c'eſt blaſphe-
mer contre la Providence , c'eſt at-
tenter ſur les droits du ſouverain
Pere de famille , qui donne à chacun de ſes enfans la place qui lui
convient. Voilà le fondement ſûr
& immuable de toute Autorité légitime.

Rien par conſequent n'eſt plus
faux que cette idée des Amateurs
de l'indépendance, que toute autorité réſide originairement dans
le Peuple , & qu'elle vient de la
ceſſion que chacun fait à un ou
pluſieurs Magiſtrats de ſon droit
inherent de ſe gouverner ſoi-mê-
me.

Cette idée n'eſt fondée que ſur
la fauſſe ſuppoſition que chaque
Homme né pour ſoi , hors de toute
ſocieté, eſt le ſeul objet de ſes ſoins,
& ſa regle à lui-même ; qu'il naît
abſolument ſon maître & libre de
ſe gouverner comme il veut. Nous
avons déja vû que l'Homme antecedamment à tout Contrat libre,

a.

a toute forme de Gouvernement, a tout confentement exprès ou tacite, naît membre d'une focieté dont il doit préférer le bien public à fon bien particulier, & par conféquent qu'il n'eft ni fon maître, ni fa Loi à lui-même.

Il eft vrai que le confentement libre ou forcé, exprès ou tacite d'un Peuple libre, à la domination d'un ou de plufieurs, peut bien être un canal par ou découle l'autorité fuprême, mais il n'en eft pas la fource. Ce confentement n'eft qu'une fimple déclaration de la volonté de Dieu, qui manifefte par là à qui il veut que fon autorité foit confiée. C'eft lui feul qui préfide fouverainement aux confeils des Humains, qui les regle comme il veut, & qui donne aux Nations des maîtres pour être les inftrumens de fa Juftice, ou de fa Mifericorde.

Mais quoique la Providence difpofe des Couronnes à fon gré, cependant

pendant elle n'approuve pas tout
ce qu'elle permet. Il y a certaines
Loix generales qui nous font des
marques, non-feulement que Dieu
permet les chofes, mais encore qu'-
elles font dans fon Ordre. Ces Loix
generales font les fondemens de ce
qu'on appelle Droit Civil, & elles
font établies pour être les regles
conftantes de nos devoirs, & les
fignes certains de ce qui eft de
droit, & de ce qui ne l'eft pas.

Or dans la Politique ces Loix
generales font tous les établiffe-
mens compatibles avec l'Ordre &
l'union de la focieté, qui étant de
leur nature fixes & palpables, empêchent que la fubordination ne
foit détruite, & que la fuprême autorité fi néceffaire parmi les Hommes ne foit fans ceffe en proye à
l'ambition de tous ceux qui voudroient y afpirer.

Voyons quels font les moyens
de fixer l'autorité fuprême & re-
montons jufqu'à l'origine des Nations,

tions, & à la premiere inſtitution
des Societez civiles.

CHAPITRE VII.

De l'origine des Societez civiles.

JE ne propoſerai point ici l'autorité divine de la Bible. Je ne
parlerai que de ſon antiquité qu'on
ne peut reculer ſans nous montrer
quelque Hiſtoire plus autentique.

Moïſe le plus ancien de tous les
Légiſlateurs & de tous les Hiſto-
riens, nous aſſûre que tous les Hommes deſcendent de deux perſonnes
unies par le lien conjugal ; & qu'a-
près le Déluge il ne reſta que la
famille de Noë qui étant diviſée
en trois branches ſe ſubdiviſa encore en des Nations innombrables.
Leurs enfans ſe multipliant en
pluſieurs Familles, ſe répandirent
ſur la face de la Terre, la partagerent entr'eux, & devinrent
chacun Pere d'une Nation diffe-
rente. La poſterité de Japet s'éten-
dit

dans l'Europe : celle de Sem dans l'Afie, & celle de Cham dans l'Afrique.

Si l'Origine des autres Nations étoit auffi claire & auffi certaine que celle dont les Saintes Ecritures font mention , les racines de toutes les branches du genre humain pourroient être reconnuës.

Les Grecs dont les Hiftoires font les plus anciennes & les plus authentiques de toutes celles que nous connoiffons parmi les Payens , nous ont donné la même idée de la propagation du genre humain , & de l'origine des Nations. Les Pélafgiens, felon eux , font defcendus de Pélafgus fils de Jupiter, les Hélleniens de Hellen fils de Deucalion, les Heraclides d'Hercule , &c. Je fuppofe que les Annales d'une Antiquité fi reculée ne peuvent être que tres-obfcures & fouvent fabuleufes. Je remarque feulement que les Hiftoriens de tous les Pays conviennent tous à nous montrer

E   que

que les differens Peuples qui cou-
vrent la face de la Terre, sont
descendus de differens enfans d'un
même pere ; & que toutes les Nations se sont formées par la multiplication d'un même Tronc en
plusieurs branches.

Rien n'est plus conforme que
cette idée, à ce que nous voyons
chaque jour dans tous les Pays du
monde, où les differentes Familles
& Tribus font remonter leur origine jusqu'à un Pere commun.

Toutes les Traditions anciennes
tant sacrées que profanes nous assu-
rent que les premiers Hommes vivoient longtems. Par cette lon-
gueur de la vie humaine, & la
multiplicité des femmes qu'il étoit
permis à un seul Homme d'avoir,
un grand nombre de Familles se
voyoit réuni sous l'autorité d'un
seul grand Pere. Chaque Pere de
famille se saisissant d'une portion
de Terre encore inhabitée, la dis-
tribuoit entre ses enfans, & ces
enfans

enfans s'emparant de nouvelles
poſſeſſions à proportion qu'ils multiplioient en nombre, la famille
d'un ſeul Homme devenoit bien-
tôt un Peuple gouverné par celui
que nous ſuppoſons avoir été le
premier Pere de tous. Les plus vieux
des enfans acqueroient l'autorité
ſur leur poſterité, par les mêmes
Droits Paternels que le Pere commun s'en étoit acquis ſur eux. Ils
entroient en conſultation avec lui,
& avoient part à la conduite des
affaires publiques. Tous les Peres
ſoûmis au Pere commun gouver-
noient de concert avec lui la *Patrie*,
la *Nation*, ou la *grande Famille*.

Je ne dis pas que la ſeule paternité donne aux Peres un droit
inherent ſur la vie & la liberté de
leurs Enfans. Elle n'eſt point la
ſource de l'autorité ſouveraine,
mais elle eſt le premier & le prin-
cipal canal par où cette autorité
découle ſur les Hommes. L'ordre
de la géneration ſoumet tous les

 Enfans

Enfans à la conduite de leurs Peres,
jufqu'à ce qu'ils foient parvenus à
l'âge de raifon ; & après y être
parvenus , il eft naturel de refpecter ceux qui ont été les occafions de notre exiftence , les Con-
fervateurs de notre vie pendant
l'Enfance , & les Caufes de notre
Education. C'eft ainfi que l'autorité paternelle s'eft convertie dès
le commencement en autorité fouveraine. Car comme il eft abfolument néceffaire qu'il y ait une
Puiffance fuprême parmi les hommes , il eft naturel de croire que
les Peres de famille accoutumez à
gouverner leurs Enfans dès leur
bas âge, étoient les dépofitaires de
l'autorité fuprême, plutôt que les
jeunes perfonnes fans experience,
& fans aucune autorité naturelle.

C'eft là la premiere Origine du
Gouvernement, & de l'autorité des
anciens, fi refpectée parmi les Juifs,
les Spartiates, les Romains, & chez
toutes les Nations du Monde , foit
polies ,

polies, foit barbares. C'eft pour cela qu'anciennement on appelloit les Rois *Peres* dans prefque toutes les langues. C'eft pour cela enfin que le mot de Nation ne fignifie qu'un grand nombre de familles defcenduës d'un même Pere.

Le genre humain continuant à fe multiplier de plus en plus, les familles fe fubdiviferent toujours, & ne fe trouvant plus foûmifes par l'autoritéPaternelle à un feul Chef, de qui elles defcendiffent toutes, elles formerent des focietez differentes ; les unes fe tournerent en Etat Monarchique par l'autorité que quelqu'un d'entr'elles s'attira fur la multitude, ou par fon courage, ou par fa vertu, ou par fa fageffe. D'autres craignant l'abus de l'autorité entre les mains d'un feul la partagerent entre plufieurs. D'autres enfin voulant réunir tous les avantages de l'un & de l'autre Gouvernement,en compoferent de Mixtes de toutes les efpeces , tous

E 3   fondée

fondez fur la néceffité, qu'il y ait quelque forme fixe & qui ne foit pas fujette aux caprices de chaque Particulier.

Ces formes ayant été une fois établies, il ne doit plus être permis de les changer. La même raifon qui rend le Gouvernement en general néceffaire, demande auffi que la forme en foit Sacrée & inviolable. Comme les hommes feroient fans ceffe en trouble s'il n'y avoit point de Gouvernement, de même ils feroient toujours expofez à l'agitation, fi les formes du Gouvernement une fois établies pouvoient être changées au gré de chaque Particulier qui voudroit s'ériger en Réformateur. Rien donc ne doit être plus Sacré aux Nations que la Conftitution primitive & fondamentale des Etats. Quelle que foit la forme du Gouvernement, quel qu'en paroiffent les défauts & les abus, s'il a été établi de tems immémorial, s'il a été con-

firmé

firmé par un long ufage , il n'eft plus permis aux Particuliers de l'alterer , ni de le détruire, fans le concours de la Puiffance fouveraine.

La raifon en eft, qu'il y a des dangers infinis de changer même les formes du Gouvernement les plus imparfaites aufquelles un Peuple eft déja accoutumé, & de laiffer aux Sujets le droit d'entreprendre d'eux-mêmes ces changemens. Si on leur accorde une fois ce pouvoir, il n'y a plus de regle fixe pour arrêter l'inconftance de la multitude, & l'ambition des Efprits turbulens qui entraîneront fans ceffe la populace fous le prétexte fpécieux de réformer l'Etat, & de corriger les abus. Le Peuple donc ne peut pas changer une Monarchie en République, ni une République en Monarchie , ni rendre électif un Royaume hereditaire indépendamment du pouvoir légitime & fuprême qui fubfifte alors dans l'Etat. Le Sénat & Peu-

ple Romain a pû donner la Dictature perpetuelle à un seul Homme
& le faire Empereur ; mais Sylla,
Catilina, & Cesar, étoient Usur-
pateurs , parce qu'ils voulurent
s'emparer de l'autorité souveraine
malgré le Sénat en qui résidoit la
Puissance suprême de la République Romaine. Un Roi absolu peut
relâcher de ses prérogatives , mais
si le Peuple veut les lui arracher par
force , il devient rebelle.

C'est que les Hommes corrompus étant incapables à cause de
leurs préjugez , de leurs passions ,
ou des bornes naturelles de l'Esprit humain , de juger de ce qui
est absolument le meilleur en soi ,
il faut quelque principe moins
équivoque que la bonté apparente
des choses pour fixer les droits de
la societé & de la souveraineté ; &
ce ne peut être que l'ancienneté
des coûtumes , ou le consentement
de la Puissance qui tient le rang
suprême dans un Etat. Nous voïons
que

que le grand Législateur des Juifs (a)
*maudit celui qui change les bornes de
l'heritage de fon prochain* ; or les
droits de la fouveraineté , les Trô-
nes & les Empires doivent être encore plus Sacrez qu'un arpent de
Terre.

Eclaircissons par ces principes le
Syftême de ceux qui donnant tout
à la Providence , foûtiennent qu'un
Roi de fait , eft Roi de droit ; examinons enfuite les objections des
Anti-royaliftes contre le Droit héréditaire. Tâchons enfin de réfu-
ter les Maximes pernicieufes des
Amateurs de l'indépendance fur la
révolte contre ceux qui abufent de
l'autorité fouveraine.

(a) *Deut.* 26. 17.

CHAPITRE VIII.

Du Roi de Fait & de Droit.

QUelques Auteurs respectables d'ailleurs ont voulu soûtenir que Dieu étant l'unique source de toute autorité , on doit non-seulement obéïr à quiconque possede actuellement la souveraineté , mais encore reconnoître son autorité comme légitime, parce qu'elle est de permission divine. C'est ce qu'ils appellent être *Roi de Providence.*

La simple permission divine ne donne jamais aucun droit. Il faut être soûmis à tout ce que Dieu permet , mais il ne faut pas l'approuver comme juste. Il y a une grande différence entre obéïr au Roi de Providence, & reconnoître son droit comme légitime. Il faut sans doute payer les taxes qu'un usurpateur impose , obéïr aux Loix Civiles

viles qu'il fait, se soûmettre generalement à toutes ses Ordonnances qui sont nécessaires pour conserver l'ordre & la paix de la societé. Mais il ne faut jamais que cette obéïssance aille jusqu'à approuver l'injustice de son usurpation; beaucoup moins à jurer qu'il a droit à la Couronne dont il s'est emparé par violence. *Il est certain, dit le celebre Grotius, que les actes de Jurisdiction qu'exerce un usurpateur qui est en possession, ont le pouvoir d'obliger, non en vertu de son droit; car il n'en a aucun, mais parce que celui qui a le vrai droit sur l'Etat aime mieux que les choses que l'usurpateur ordonne, ayent lieu dans cet intervalle, que de voir ses Etats dans une confusion déplorable, comme ils demeureroient sans doute, si l'on en abolissoit les Loix, & si l'on interrompoit l'exercice de la Justice.*

Les Partisans d'un Roi de Providence ont recours aux maximes du Christianisme pour justifier leur opinion. Cesar,

Cesar, disent-ils, étoit un usurpateur, cependant Jesus - Christ
& ses Apôtres ordonnerent d'obéïr
aux Empereurs Romains.

On pourroit répondre, selon le
sentiment des plus habiles Histo-
riens Romains de ce tems-là, que
Rome ne pouvoit plus subsister
sous la forme d'une République.
Il falloit nécessairement que l'unité de la Puissance suprême éteignît
les Discordes & les Guerres Civiles qui arrivoient sans cesse entre
les Chefs de Partis qui aspiroient à
la souveraineté. *Les Provinces*, dit
Tacite, *ne montroient pas de répu-
gnance pour ce nouveau gouvernement
à cause que celui du Sénat & du Peuple leur étoit à charge par les querelles
continuelles des Grands, & l'avarice
des Magistrats contre qui l'on implo-
roit en vain le secours des Loix, qui
cédoient à la force, aux brigues & à
l'argent.* Le Gouvernement Monarchique devenant nécessaire pour
le repos de Rome, il n'y avoit
personne

personne qui eût plus de droit à la Couronne Imperiale que les Cesars. Si cette réponse est trop vague, en voici une précise.

Jules Cesar étoit usurpateur aussi-bien que son successeur Auguste. Mais je nie que Tibere qui regnoit dans le tems de notre Seigneur, & à qui il ordonnoit de payer le tribut, fût usurpateur en aucun sens. Cesar avoit changé la forme du Gouvernement par force, par violence & par des crimes atroces. Auguste s'étoit attiré l'Autorité du Sénat, des Magistrats, & des Loix dans le tems de l'affoiblissement de la République. Mais la cession pleniere & libre que firent les Patriciens, les Plebéiens, les Chevaliers Romains, & tous les Ordres, de l'Autorité souveraine à Tibere est un des Actes des plus authentiques de toute l'Histoire. Rien n'est plus remarquable que les refus que fit cet Empereur de la Couronne Imperiale, & les

supplications

supplications ardentes que lui fit
le Sénat à genoux, de l'accepter.
Quoique le caractere de Tibere
marque assez que ses résistances
étoient feintes, cependant la cession qu'on lui fit de l'Autorité souveraine étoit formelle & authentique. Il fut donc proprement le
premier Empereur légitime, parce
qu'il fut choisi par ceux qui avoient
un veritable droit d'élection. Il
changea la forme du Gouvernement de Rome, mais il le fit avec
le consentement de ceux en qui résidoit alors le pouvoir suprême, je
veux dire le Sénat, & le Peuple
Romain. Or, personne ne doute
que dans certains cas, la Puissance
souveraine d'un Etat ne puisse changer la forme du Gouvernement.
C'est une voye légitime, compati-
ble avec l'ordre ; elle ne nous ex-
pose point à l'Anarchie. Mais dans
les [illegible] us où le pouvoir suprême
n' [illegible] le Sénat, ou les diffe-
[illegible] soit Patriciens, soit
Plébeïens

Plébéïens ne font que les Confeillers du Prince, il eſt certain que leur pouvoir ſubalterne & ſubordonné ne peut jamais agir indépendamment de la Puiſſance Royale & ſuprême, ſans expoſer la République à l'Anarchie la plus affreuſe.

Il y a une autre eſpece de Politiques qui ſoutiennent que le droit héréditaire des Couronnes eſt une chimere. C'eſt ce que nous allons examiner.

CHAPITRE IX.

Le Droit hereditaire de Terres & celui de Couronnes ſont fondez ſur le même principe.

PAR *Droit* en general on entend *le pouvoir de faire, & de poſſeder certaines choſes ſelon une Loi.* La Loi eſt ou *Naturelle* ou *Civile*, & par conſequent le *Droit* eſt ou *Naturel* ou *Civil.*   La

La Loi Naturelle étant fondée sur la souveraine raison, elle est immuable, éternelle, universelle, comme cette raison même. Si les Hommes étoient en état de connoître & de suivre toujours cette Loi, on n'auroit pas besoin de Loix Civiles. Chacun auroit sa Loi au dedans de lui-même. Mais l'ignorance & la malice de l'Homme l'empêchant de découvrir & d'aimer cette pure Loi de la Nature, on est dans la nécessité d'établir des Loix Civiles, c'est-à-dire des regles de conduite accommodées aux circonstances particulieres de chaque Societé, & aux besoins présens de l'humanité. Or ces regles n'ayant souvent aucun fondement dans la Nature pure & primitive, le Droit Civil qui dépend de ces regles est souvent contraire au Droit Naturel.

Dans l'état présent de l'humanité, il faut souvent pour détourner un grand mal en souffrir un moindre.

moindre. C'eft par là que les *Loix Civiles* qui fortent pour ainfi dire quelquefois de l'ordre de la raifon par leur Nature, y rentrent par la néceffité où l'on eft de les établir, afin de mettre des bornes aux paffions de l'Homme. Je m'explique.

Nous fommes tous Citoyens de l'Univers, enfans d'un même pere, freres par une identité de Nature, & par conféquent nous naiffons tous avec un droit égal à tout ce dont nous avons befoin pour notre confervation.

Selon ce principe, rien n'eft plus contraire à la Nature, que le partage inégal des biens, l'opulence exorbitante des uns qui n'ont aucun mérite perfonnel, & la pauvreté affreufe des autres qui font infini- ment eftimables. Cependant s'il étoit permis à chacun de fe faifir de ce dont il a befoin, parce que tous y ont un droit égal felon la Nature, la plûpart des Hommes fe ferviroient de ce principe pour

F   devenir

devenir Brigands & Voleurs. Il seroit impossible de conserver l'ordre & la paix de la societé , & l'on
retomberoit sans cesse dans l'Anarchie la plus affreuse.

Or , pour éviter ces inconveniens , il faut qu'il y ait des Loix
Civiles , comme les Contrats & les
Successions , pour regler le partage des Biens.

On doit raisonner de même sur
l'Autorité. Selon la Loi Naturelle,
qui est celle de la droite raison , celui qui est le plus capable de découvrir ce qui est juste , de l'aimer, & de le faire executer ; c'est-
à-dire le plus intelligent & le plus
vertueux, devroit sans doute dans
la distribution de l'Autorité être
preferé à un autre moins sage &
moins vertueux.

Mais parce que l'orgueil , l'a-
mour de l'indépendance , & les
autres passions nous portent à nous
preferer aux autres , il faut quelque regle moins équivoque que les
qualitez

qualitez perfonnelles, pour fixer la poffeffion de la *Souveraineté*, afin qu'elle ne foit pas fans ceffe en proye à l'ambition des Hommes ; comme il a fallu des regles pour fixer la proprieté des Biens, afin qu'ils ne fuffent pas toujours en proye à l'avarice des Hommes.

De même, il n'y a que la fageffe, la vertu, & le mérite qui donnent par eux-mêmes un droit naturel à la préférence. Mais comme l'amour-propre nous pouffe tous à juger en notre faveur, il falloit quelque figne fixe & palpable pour décider des rangs, afin de conferver la paix de la focieté. La diftinction la moins expofée à l'envie eft celle qui vient d'une longue fuite d'ancêtres. C'eft pour cela que dans prefque tous les Etats, l'ancienneté des Familles regle les Dignitez.

Je conclus de tout céci que le Droit hereditaire de Couronnes, & celui de Terres n'ont à la verité

 aucune

aucun fondement dans le droit naturel & primitif, mais ils font tous
deux fondez fur les mêmes principes du Droit Civil, & doivent
être tous deux également inviolables dans tous les pays où ils font
établis. S'il n'y a point de difference entre un Roi légitime, & un
ufurpateur, il n'y en a point non
plus entre un héritier naturel, &
un poffeffeur injufte ; entre un veritable proprietaire, & un voleur
de grand chemin. Les premiers occupans n'avoient point de droit
inherent & naturel de tranfmettre
à leur pofterité la poffeffion des
terres à l'exclufion de tout le genre
humain. Les premiers Souverains
& Fondateurs des Républiques n'a-
voient nul droit de tranfmettre la
Royauté à leurs fucceffeurs. Mais
fi l'un & l'autre font devenus néceffaires pour prévenir les maux
d'une nouvelle diftribution des
Biens, & d'une nouvelle élection
des Princes en chaque fiecle. Si l'un

&

& l'autre ont été confirmez par un long uſage & une preſcription de tems immémorial, c'eſt un auſſi grand crime de changer l'un que de changer l'autre. On eſt injuſte & raviſſeur de voler le plus ſimple meuble, de prendre quelqu'arpent de terre ; ſera-t'on juſte de voler des Couronnes, & de s'emparer des Royaumes ? Le monde entier n'eſt devant Dieu qu'une même Répu-blique. Chaque Nation n'en eſt qu'une Famille. La même Loi de juſtice & d'ordre qui rend le droit hereditaire des terres inviolable , rend le droit hereditaire des Cou-ronnes ſacré.

Pour faire ſentir l'abſurdité des principes contraires , quittons un peu le ſtyle ſérieux , & écoutons pour un moment les raiſonnemens que ces maximes inſpireroient éga-lement à un fier Républicain , & à un Voleur de grand chemin.

„ Les Rois , *dira le Republicain* , „ ne ſont que les dépoſitaires d'u-
ne

» ne autorité qui réside originai-
» rement dans le peuple. Les hom-
» mes naissent libres & indépen-
» dans. Mes ancêtres ont cedé leur
» droit inherent de se gouverner
» eux-mêmes aux Souverains, à
» condition que ces Magistrats su-
» prêmes gouverneroient bien. Le
» Roi a violé le contract originai-
» re. Je rentre dans mon premier
» droit, je le reprens & je veux le
» donner à un autre qui en fera
» meilleur usage. Le droit heredi-
» taire des Couronnes est une chi-
» mere. Par quelle autorité les pre-
» miers Princes ont-ils pû trans-
» mettre à leurs enfans un droit à
» l'exclusion du genre humain, &
» de mille autres plus dignes de
» gouverner que leurs descendans ?
» Mes ancêtres ne pouvoient pas
» leur transferer sans mon consen-
» tement un pouvoir qui anéan-
» tit mon droit inherent, & natu-
» rel : & certainement leur dessein
» en confiant ce droit aux Princes,

» n'étoit

» n'étoit pas de rendre leur pof-
» terité miferable.

» Vous avez raifon , *répond le*
» *Voleur*. C'eft fur ces mêmes prin-
» cipes que je regle ma vie. Les
» riches ne font que les dépofitai-
» res des poffeffions qui appartien-
» nent à tout le genre humain.
» Les hommes naiffent tous Ci-
» toyens de l'Univers , enfans d'u-
» ne même Famille. Ils ont tous
» un droit inherent & naturel à
» tout ce dont ils ont befoin pour
» leur fubfiftance. Je fuppófe avec
» vous que mes ancêtres & les vô-
» tres ont fait par un accord libre
» entr'eux le partage des biens
» de la terre ; mais les miens ont
» prétendu fans doute que leur pof-
» terité feroit pourvûë de tout ce
» qui lui feroit néceffaire. Les ri-
» ches ont violé ce contrat. Ils fe
» font emparez de tout, rien ne me
» refte. Je rentre dans mon droit
» naturel , je le reprens ; & je veux
» me faifir de ce qui m'appartient
» par

» par nature. Le droit hereditaire
» des terres eſt une chimere. Par
» quelle autorité les premiers oc-
» cupans ont-ils pû tranſmettre à
» leur poſterité un droit à l'exclu-
» ſion de tous les hommes, ſouvent
» plus dignes que leurs deſcendans?
» Mes ancêtres ne pouvoient pas
» transferer aux autres ſans mon
» conſentement, un droit qui anéan-
» tit mon droit inherent & natu-
» rel. Et certainement leur deſſein
» dans la diſtribution originaire des
» biens n'étoit pas de rendre leur
» poſterité miſerable. Puiſque ces
» Princes & ces Magiſtrats que vous
» appellez uſurpateurs ſur les droits
» de l'humanité, m'empêchent de
» joüir de ce qui m'appartient par
» Nature, je veux ſoutenir mon
» droit, & faire main baſſe ſur le
» ſuperflu de tous ceux que je ren-
» contre. Or, comme je m'apper-
» çois, Brave Tribun du Peuple &
» digne Partiſan de la liberté na-
» turelle des Hommes, que vous
» avez

» avez plus d'argent qu'il ne vous
» faut, permettez-moi de vous dire
» qu'il appartient à vos freres mes
» compagnons, & à moi qui fom-
» mes dépourvûs de tout. Faites-
» moi la même juftice, que vous
» voulez que les Princes vous faf-
» fent. Ils ont violé vos droits na-
» turels, vous empietez fur les nô-
» tres. Nous n'avons rien, vous
» avez beaucoup plus qu'il ne vous
» faut. Nous fommes vos freres,
» nous vous aimons, nous ne vou-
» lons point votre vie, nous ne de-
» mandons point votre néceffaire,
» partagez feulement entre nous ce
» dont vous n'avez pas befoin.

Que diroit un Anti-royalifte qui
rencontreroit fur le grand chemin un femblable voleur, poli,
honnête, & zelé pour les droits
naturels de l'humanité ? Je ne vois
pas qu'elle autre réponfe il pourroit lui faire que de lui donner fa
bourfe fans pouvoir fe plaindre de
la moindre injuftice. Qu'on me

G

par-

pardonne cette petite digression. *Ridendo dicere verum quid vetat?*

On dira peut-être qu'il seroit permis à chacun de s'emparer du superflu des autres, s'il n'y avoit pas des moyens légitimes établis, tels que la succession, les contrats, le travail du corps ou de l'esprit, pour devenir proprietaire des biens.

Je dis de même qu'il seroit permis à chacun d'aspirer à la souveraineté, s'il n'y avoit pas des moyens légitimes établis, tels que le droit héréditaire ou l'élection pour parvenir à l'autorité suprême. Nul Homme ne naît Roi par droit inherent & naturel, à l'exclusion de tous les autres Hommes plus dignes que lui. J'en conviens : Mais aussi nul Homme ne naît proprietaire des biens superflus par un droit inherent & naturel, à l'exclusion de tous les autres Hommes plus dignes que lui.

S'il y avoit un moyen fixe pour distribuer les Couronnes & les biens

biens felon le droit naturel , c'eft-
à-dire felon la Loi immuable de la
parfaite & fouveraine juftice , le
droit héréditaire des Empires & des
Terres feroit injufte. Mais les paffions des Hommes , & l'état préfent de l'humanité rendant la chofe impoffible , il faut qu'il y ait
quelques regles générales pour fixer les poffeffions des Couronnes ;
comme pour fixer celles des Biens.
Partout où le droit héréditaire eft
établi pour regler l'un & l'autre,
il y a autant d'injuftice de changer l'un que de changer l'autre ,
fans le confentement du légitime
poffeffeur & du vrai héritier.

Mais, dira-t'on, puifque le droit
de proprieté , & le droit de fouveraineté font fondez fur les mêmes principes la Loi de prefcription doit avoir lieu dans l'un comme dans l'autre.

La Poffeffion donne fans doute
le droit civil aux Couronnes comme aux Terres ; quand il n'y a

point de prétendant légitime. Mais s'il y en a un, la possession est une usurpation. Le droit de *domaine*, & le droit de *domination* étant tous deux fondez sur la nécessité de conserver l'ordre, l'ancienne possession de la souveraineté en rend l'autorité légitime, par les mêmes raisons que l'ancienne possession des Terres en rend la proprieté légitime. La possession des Terres d'abord injuste, devient légitime après un certain tems, parce que la génération des Hommes variant sans cesse, & périssant toujours, on ne peut pas remonter jusqu'au premier possesseur quand la succession est longtems interrompuë & oubliée. Cela causeroit des troubles & des désordres infinis dans la société: Les premiers occupans n'avoient aucun droit inherent & naturel de s'approprier plus que ce dont ils avoient besoin pour leur subsistance, ni de le transmettre à leur posterité, à l'exclu-

l'exclufion de tous les autres Hommes. C'eft pour cela que le droit
de poffeffion actuelle prend la place de l'acquifition originelle des
premiers occupans, dont on ne
connoît plus les defcendans. C'eft
pour la même raifon, qu'une
conquête d'abord injufte devient
jufte après une longue fuite d'années. Mais tandis que le vrai héritier & le fucceffeur immédiat
en ligne directe fubfifte & reclame
fon droit, la Loi de prefcription ne
peut avoir place dans les Royaumes héréditaires, non plus que
dans les poffeffions héréditaires.

CHAPITRE X.

La révolte n'eft jamais permife.

LEs amateurs de l'indépendance, & les Républicains ou-
trez, croyent que le feul remede
contre les abus de l'autorité fouveraine, eft de permettre au peuple

 de

de se soulever contre les Princes injustes, de les déposer, & de les
traiter en criminels. Ils avancent
par tout des principes qui en atta-
quant le pouvoir arbitraire, font
tomber dans l'Anarchie. Rien n'est
plus pernicieux que ces maximes;
en voici les raisons.

1. Je suppose pour un moment
avec eux que la source de toute
autorité vienne du peuple, & de
la cession qu'il a fait de son droit
naturel. Il ne s'ensuit pas qu'il soit
toujours en droit de le reprendre
après l'avoir donné une fois. Ce
seroit retomber sans cesse dans le
même inconvenient pour lequel il
l'auroit donné. Un peuple ayant
éprouvé les maux, les confusions,
les horreurs de l'Anarchie donne
tout pour l'éviter, & comme il ne
peut donner de pouvoir sur lui qui
ne puisse tourner contre lui-même,
il aime mieux hazarder quelquefois d'être maltraité par un Souverain que d'être sans cesse exposé

à

à fes propres fureurs. La révolte contre la Puiſſance ſuprême d'un État après une telle ceſſion eſt une contradiction. Si cette Puiſſance eſt ſuprême elle n'a point de Supérieure. Par quelle autorité ſera-t-elle jugée ? Si le Peuple eſt toujours Juge ſouverain, il n'a dons pas cedé ſon droit. S'il ne l'a pac cedé, la multitude peut toujours s'abandonner à ſes caprices ſous prétexte qu'elle eſt le plus grand nombre, auquel appartient par droit inherent, naturel & inaliénable l'Autorité ſouveraine. L'Anarchie devient inévitable parce que chaque ſéditieux qui peut aſſembler la plus grande foule prétendra être la Puiſſance ſouveraine de l'Etat. Plus de Loix, plus de principes fixes, plus de Conſtitution fondamentale. Tout ſe gouvernera par la force. S'il falloit choiſir entre le Deſpotiſme & l'Anarchie, il faudroit ſans doute préferer le premier au ſecond. Le

G 4

Suc-

Successeur d'un tyran peut réparer les fautes de son Pere. Les beaux jours pourront refaire ce que les mauvais auront gâté. Il y a toujours quelque ressource contre les maladies du grand Corps Politique, tandis que le principe de sa vie n'est pas attaqué, tandis qu'il y a quelqu'ordre & quelqu'Autorité souveraine qui retient la multitude. Mais dans l'Anarchie, il n'y a point de ressource, chacun est l'esclave de tous ceux qui sont plus forts que lui. Chaque particulier devient Tyran. La tyrannie se multiplie sans fin, & en se multipliant se perpetuë. On ne peut jamais l'arrêter ni la suspendre que par l'obéissance & la soumission à quelqu'Autorité suprème, qui ne soit responsable qu'à Dieu seul de l'abus de sa Puissance.

2. Les embarras de la souveraineté sont plus grands que ceux d'aucun autre état. (a) ,, La con-

(a) *Telem- lib.* 12. *pag.* 247.

,, dition

,, dition privée cache les défauts
,, naturels, à cause qu'on n'est pas
,, exposé à la vûë des Hommes.
,, Au contraire la grandeur & l'é-
,, levation mettent tous les talens
,, à une rude épreuve. Le monde
,, entier est occupé à observer un
,, seul Homme à toute heure,
,, & à le juger en toute rigueur.
,, Ceux qui le jugent n'ont aucune
,, experience de l'état où il est,
,, & ils n'en sentent point les dif-
,, ficultez. Les Rois quelque bons
,, & sages qu'ils soient sont encore
,, Hommes. Leur esprit a des bor-
,, nes, & leur vertu en a aussi. Ils
,, ont de l'humeur, des passions,
,, des habitudes dont ils ne sont
,, pas tout à fait les maîtres. Ils
,, sont obsedez par des gens in-
,, teressez & artificieux. La sou-
,, veraineté porte avec elle toutes
,, ces miseres. L'impuissance hu-
,, maine succombe sous un fardeau
,, si accablant. Il faut plaindre les
,, Rois & les excuser. Ne sont-ils
,, pas

„ pas à plaindre d'avoir à gou-
„ verner tant d'Hommes dont les
„ besoins sont infinis, & qui don-
„ nent tant de peines à ceux qui
„ veulent les bien gouverner? Pour
„ parler franchement, les Hommes
„ sont fort à plaindre d'avoir à
„ être gouvernez par des Rois qui
„ ne sont que des Hommes sem-
„ blables à eux; car il faudroit
„ des Dieux pour redresser les
„ Hommes. Mais les Rois ne sont
„ pas moins à plaindre n'étant qu'-
„ Hommes c'est-à-dire foibles &
„ imparfaits, d'avoir à gouverner
„ cette multitude innombrable
„ d'Hommes corrompus & trom-
„ peurs. Les Loix tolerent quelquefois les fautes des Particuliers,
à combien plus forte raison est-il
juste de souffrir patiemment les
fautes des Souverains, & d'avoir
égard à l'emploi pénible & relevé
dont ils sont chargez pour notre
conservation, aux embarras, aux
tentations, & aux passions qui ac-
compagnent

compagnent l'Autorité souveraine, où les moindres bévûës ont de grandes consequences & où les plus legeres fautes ont de violens contrecoups.

3. Les affaires Politiques sont souvent si obscures & si délicates que non - seulement le commun peuple, mais même les personnes les plus éclairées d'ailleurs, ne sont pas toujours capables d'examiner si les mesures qu'on prend sont justes & nécessaires ou non. Les meilleurs & les plus sages desseins ont souvent un mauvais succez, au contraire les entreprises téméraires & injustes réüïüssent quelquefois. Le Peuple ne juge que sur les apparences & presque toujours sur les évenemens. De plus, l'interêt public demande que les vûës & les intentions des Souverains soient tenuës secretes. Il est donc tres-difficile de juger quand le Souverain a tort ou non. ,, La ,, bonté ou la malice d'une action ,

,,*dit*

„ *dit le célébre Grotius*, sur-tout dans
„ les choses civiles, sont souvent
„ d'une discussion si difficile qu'el-
„ les ne peuvent pas être la regle
„ pour marquer au Peuple & aux
„ Rois les bornes ou l'étenduë de
„ leur Autorité. Au contraire, il
„ en arriveroit véritablement un
„ grand désordre, puisque le Roi
„ d'un côté & le Peuple de l'autre
„ voudroient chacun décider de la
„ même affaire. Ce qui causeroit
„ une confusion qu'aucun Peuple,
„ au moins que je sçache, ne s'est
„ encore mis dans l'esptit de vou-
„ loir introduire.

4. Sans doute les Loix seules doivent regner, sans doute le bien
public doit être la regle immuable de ces Loix, sans doute les
Princes renversent le dessein de tout
Gouvernement quand ils agissent
contre ce bien public. Mais s'il
étoit permis à chaque Particulier
d'expliquer les Loix à sa mode, de
juger du bien public, de fixer

les

les bornes de l'Autorité fouveraine; on expoferoit tous les Gouvernemens à des révolutions perpetuelles , & l'on ne trouveroit
plus de point fixe dans la politique.
Or ce qui fappe le fondement de
toute Autorité , ce qui emporte
avec foi la ruine de toute Puiffance, & par confequent de toute
Societé , ne doit jamais être admis comme un principe de raifon-
nement, ou de conduite dans la
Politique. Si la révolte cependant
eft une fois permife, il n'y a plus
de point fixe pour arrèter l'extra-
vagance de l'Efprit humain. Si
le Peuple peut fe révolter aujour-
d'hui pour quelque raifon que ce
foit, il prétendra trouver demain
des raifons femblables pour fe révolter de nouveau. Comme l'opinion fait le même effet dans l'efprit des Hommes que la verité,
toutes les fois qu'une partie du
Peuple s'imaginera avoir raifon de
s'oppofer aux Puiffances fouverai-
nes,

nes, elle se croira en droit de prendre les Armes. Il n'y a point d'Autorité infaillible dans la Politique. Les meilleurs Princes font de grandes fautes. Si la révolte peut être légitime, tous ceux qui ont conçû de la haine contre les personnes des Princes, tous ceux qui ne trouvent pas le Gouvernement à leur gré, tous ceux qui sont mécontens parce que l'Autorité n'est pas entre leurs mains, ne cesseront de soulever le Peuple chaque jour, & de flétrir les meilleurs Princes du titre odieux de Tyran. Tous les Esprits hardis & ambitieux qui sont capables de faire des brigues & d'être Chefs d'un parti, prendront de nouveaux prétextes de changer & de racommoder la forme du Gouvernement. Voilà l'anéantissement de tout ordre, & la source des révolutions tumultueuses, non-seulement dans chaque siecle, mais à chaque moment; de sorte qu'il n'y auroit plus de so-

cieté

cieté fixe & conftante fur la Terre ; mais le Monde retourneroit
fans cefle dans une Anarchie affreufe.

5. En changeant les Souverains,
on n'eft pas fûr d'en trouver de
plus moderez & de meilleurs que
ceux qu'on dépofe. ,, Croyez-
,, vous , *difoit un Sénateur Romain ,*
,, (a) que la Tyrannie foit morte
,, avec Néron ? on l'avoit crûë
,, éteinte par la mort de Tibere
,, & par celle de Caligula, & pour-
,, tant nous en avons vû un troi-
,, fiéme plus cruel qu'eux ... (b)
,, Claude avoit donc bien raifon
,, de dire aux Ambaffadeurs des
,, Parthes qui étoient venus lui de-
,, mander un meilleur Roi que le
,, leur , que de fi fréquens chan-
,, gemens ne valoient rien , & qu'il
,, falloit s'accommoder le mieux
,, qu'on pouvoit aux humeurs des

(a) *Tacite hift. Lib.* 4.
(b) *Tacite ann.* 12.

,, Rois.

,, Rois. (*a*) Un ancien General
d'Armée se servit utilement de cette
raison pour ramener des Sujets rebelles. Il faut supporter, *dit-il*, le
,, luxe & l'avarice de vos Souverains
,, comme les stérilitez, les orages,
,, & les autres désordres de la Na-
,, ture. Il y aura des vices tant qu'il
,, y aura des Hommes, mais le mal
,, ne dure pas toujours, & est ré-
,, compensé par les bons Princes
,, qui gouvernent de tems en tems.

Tous les Hommes ont leurs
passions ; l'Autorité souveraine est
une grande tentation. Celui qui
paroît aujourd'hui moderé, zelé
pour la liberté, change bien ses
idées quand il se voit élevé au plus
haut faîte de la grandeur suprême. Tout Homme porte en soi le
principe de la Tyrannie, qui est
l'amour-propre. Les fréquens changemens ne font donc pas un remede contre la Tyrannie. Le Tyran

(*a*) *Perilius Cerealis dans Tacite hist.*

changé,

change, mais la Tyrannie fubfifte.
On n'eft pas fûr en fe révoltant de
trouver des meilleurs maîtres,
mais on eft fûr en renverfant les
plus méchans Princes, d'engager
fes concitoyens dans les Guerres
Civiles, dans les Caballes, les factions & le trouble univerfel. L'a-
mour de la Patrie s'oppofe donc au
renverfement de la fubordination,
& tout confpire à prouver que la
révolte ne doit jamais être permife fous aucun prétexte.

Mais, dira-t'on, *falus populi fu-
prema Lex*. C'eft la maxime favo-
rite dont les amateurs de l'indépendance abufent.

Le bonheur du peuple eft fans
doute la fuprême Loi, & la fin de
tout gouvernement; mais ce bonheur ne confifte pas feulement
dans l'affluence des fruits de la
terre. Il y a des biens plus chers à
l'homme aufquels il doit facrifier
ces biens inferieurs, qui lui font
communs avec les animaux. Tels

 font

font la paix de la Republique , l'union des Familles , &
l'éloignement des guerres civiles,
des factions, des caballes, qui dé-
truifent infiniment plus la Patrie,
que les Impôts même les plus ex-
ceffifs. Nul homme n'a un droit
naturel , que précifément à ce qui
lui eft néceffaire pour fa confervation. Si le bien public demande
qu'il donne le fuperflu , il ne peut
pas fe plaindre, puifqu'on ne lui
ôte que ce à quoi il n'a point de
droit par Nature, pour lui conferver
ce qui lui eft plus important , fça-
voir la vie , la liberté , &c.

On ne pretend pas juftifier la
conduite inhumaine & barbare des
Souverains qui foulent le peuple en
levant des Impôts exorbitans. Ils
lui ôtent fouvent le neceffaire : ce
font des monftres de l'humanité
qui font inexcufables. Je foûtiens
feulement que fi l'on ne peut pas
arrêter leurs excès par des voyes
legitimes & compatibles, avec l'ordre

dre & la subordination, il faut les souffrir en patience. Je dirai toujours avec Narbal dans Telemaque en parlant de Pigmalion, dont le portrait nous represente le plus execrable des Tyrans : *Pour moi je crains les Dieux , quoiqu'il m'en coûte je serai fidele au Roi qu'ils m'ont donné ; j'aimerois mieux qu'il me fît mourir que de lui ôter la vie, & même de manquer à le défendre.* Rien n'est plus affreux que la Tyrannie quand on n'envisage que les Tyrans : mais cette difformité disparoît, quand on regarde la suprême Providence qui se sert de leurs desordres passagers , pour accomplir son ordre éternel. Ce seroit donc se révolter contre Dieu même que de se révolter contre les Puissances qu'il a établies , quand même elles abusent de leur autorité.

Cette Reflexion nous mene naturellement à considerer si la Religion peut être un prétexte de révolte. Les faux dévots de toutes les Religions & de toutes les Sectes crient tous d'une voix commune : *Religio sanƈta summum jus*. Cette opinion vient d'une fauſſe idée de la Religion, comme l'autre opinion vient d'une fauſſe idée du bonheur du Peuple. Rien n'eſt plus grand ni plus noble que la Religion. Rien n'eſt plus bas ni plus mépriſable que l'idée qu'en ont communément ceux qu'on appelle dévots. Les hommes n'entendent point ce que c'eſt que la Religion, quand ils la font conſiſter uniquement dans le culte exterieur. Ce culte en eſt l'expreſſion, & non pas l'eſſence.

L'eſſentiel de laReligion conſiſte dans le ſacrifice de l'eſprit & de la volonté pour croire tout ce que Dieu veut que nous croyions, & pour aimer tout ce qu'il veut que nous aimions. Cette religion ſubſiſte dans le cœur, quand même on ne pourroit pas l'exprimer exterieurement. Nul Souverain, nulle creature viſible fible ni invifible, nulle Loi, nulle peine ne peut la mettre dans le cœur, ni l'en ôter.

Il n'eſt pas extraordinaire que les ames foibles, Entouſiaſtes, ou Superſtitieuſes, qui font conſiſter toute la Religion dans la profeſſion de certains formulaires, ou dans la pratique de certaines ceremonies, s'imaginent qu'on peut leur ôter leur Religion, comme on leur ôte leur habit, ou leurs biens. Les Fourbes & les Politiques les engageront facilement à prendre les armes, en leur perſuadant qu'il s'agit du ſalut de la Religion : mais ceux qui ſçavent que la vraye pieté conſiſte à croire, à penſer & à aimer comme Dieu veut que nous penſions, que nous croyions, & que nous aimions, ne ſe révolteront jamais contre les Puiſſances legitimes. La foi & la charité ſont indépendantes de toute contrainte exterieure ; elles ſe perfectionnent dans le Temple du cœur, quand

la

la violence nous empêche de les exprimer au dehors. Alors on souffre pour elles & par elles ; & la Croix en est l'exercice le plus parfait.

Quand un Prince veut nous forcer à l'observance d'un Culte qui nous paroît contraire à ce que nous devons à la Divinité, nous ne sommes pas obligez à lui obéir, mais nous ne devons pas nous révolter. La seule ressource est de souffrir les peines qu'il nous impose ; car quoiqu'il ne soit jamais permis de se révolter contre les Puissances suprêmes, il n'est pas permis cependant d'obéir à toutes leurs volontez impies & déraisonnables.

Il y a une grande difference entre l'obéissance active, qui nous rend ministre du mal, & l'obéissance passive qui fait souffrir ce qu'on ne peut empêcher, sans troubler l'ordre & la subordination établie.

Mais, dira-t'on, si l'on peut mettre

tre fin à la Tyranie par la mort d'un seul Homme, si l'on peut sauver la Patrie en immolant le Tyran, ne faut-il pas préferer le bien general à la vie particuliere d'un seul Monstre de l'humanité ?

Quand les Souverains s'accoûtument à ne connoître d'autres Loix que leurs volontez absoluës, ils sappent le fondement de leur autorité. Il viendra une révolution soudaine & violente, qui sous le prétexte de ramener dans son cours naturel cette puissance débordée, souvent l'abatra sans ressource. Le peuple se révoltera tôt ou tard, & Dieu s'en servira comme d'un instrument de sa justice pour punir les méchans Princes. Mais ces déreglemens funestes que Dieu ne fait que permettre, seront-ils la regle fixe & constante des sages & des bons Citoyens ? D'un côté les Monarques doivent sçavoir que le despotisme tyrannique entraînera inévitablement la ruine de leur pouvoir.

D'un

D'un autre côté les Sujets doivent reconnoître que c'est le devoir de tout bon Citoyen de souffrir plûtôt que de se révolter, quand il ne peut pas empêcher l'abus de l'autorité souveraine, sans courir risque de renverser toute subordination, & de réduire tout à l'Anarchie par la Rebellion.

Si l'on étoit sûr de conserver la paix & l'ordre de la societé, & de remedier aux maux de la Patrie, en immolant un seul Homme, les Loix de la simple politique demanderoient sans doute ce sacrifice. Mais peut-on être sûr en se révoltant, que c'est l'amour de la Patrie qui nous anime; que le Prince est vrayement Tyran, que ses fautes sont inexcusables, que sa mort remédiera à nos maux, qu'on trouvera un meilleur Prince pour regner après lui, & enfin que cet exemple de révolte pour une cause même légitime, ne fournira pas aux passions effrenées de

mille

mille autres Hommes un prétexte
de faire de nouvelles révoltes fans
raifon ; & par là de fapper le fondement de toute Societé. Faut-il
pour guerir les maux du Corps politique , fe fervir d'un remede violent, qui ne réuffira peut- être pas,
& dont la réuffite pourroit caufer
des abus qui iroient à la deftruc-
tion de tout Gouvernement ?

Mais fuppofé que felon la politique ; c'eft-à-dire, felon les Loix,
du bien préfent & actuel de la Societé, la révolte fut permife , elle
feroit cependant contraire à la Religion naturelle , qui eft le fondement de toute vraye Politique.

Je parle en Philofophe qui ne
reconnoît aucun Syftême de Religion revelée ; mais qui refpecte
cette Providence fuprême de qui
feule la fouveraineté dérive. Les
Couronnes, les Empires, & le Gouvernement des Républiques n'étant
pas donnez au hazard , il faut refpecter ceux à qui Dieu les donne ,

I   même

même quand ils abuſent de leur Autorité.

Je ne parle pas de ceux qui uſurpent la ſouveraineté par la ſimple permiſſion de la Providence, mais de ceux à qui le ſouverain Maître donne l'Autorité ſuprême, ſelon les Loix generales établies & néceſſaires pour conſerver l'ordre de la Societé, comme eſt par exemple le droit hereditaire.

Dieu ne laiſſera pas le Peuple éternellement opprimé par un mauvais Gouvernement, comme il ne troublera pas l'Univers par de continuelles tempêtes. On doit donc ſupporter les mauvais Princes par reſpect pour cette Providence ſuprême qui connoît juſqu'où il veut permettre aux Tyrans de châtier une Nation.

Tous les argumens des amateurs de l'indépendance n'ont de force qu'en niant toute Providence, en croyant le monde abandonné au hazard, & en rejettant ;

je

je ne dis point la Religion reve-
ée, mais le pur respect de la Divinité, où le vrai Philosophe
trouve la source de tous ses dé-
voirs.

Il est vrai que dans toutes fortes de Gouvernemens Monarchique ou Mixte, absolu ou limité,
hereditaire ou électif, il doit toujours être permis de représenter
les griefs de la Nation dans le **cas**
d'une oppression universelle qui
menace de ruine la République.
C'est un devoir de la Loi naturelle d'exposer l'état du Peuple à
leur Pere commun, qui étant af-
fiegé par ses Courtisans artificieux
ne peut pas connoître le détail
de la Nation, ni voir par ses propres yeux tous les maux qui l'ac-
cablent. C'est pour cela que l'Empereur Constantin fit cette admirable Loi, (a) ,, Si quelqu'un ,

____

(a) *Lib. Cod. Theod. de Accusat.*

I 2   *dit-il,*

,, *dit-il*, de quelque lieu, de quel-
,, qu'ordre, de quelque dignité
,, qu'il foit, peut prouver que quel-
,, qu'un de mes Juges, de mes con-
,, fidens, de mes amis, ou de mes
,, courtifans ait agi injuftement,
,, qu'il me vienne trouver fans
,, crainte & en toute fûreté, qu'il
,, me demande hardiment, je l'é-
,, couterai moi-même, j'examine-
,, rai l'affaire, je me vangerai de
,, celui qui m'a trompé par une
,, fauffe apparence de Juftice, &
,, je comblerai de biens & de digni-
,, tez celui qui m'aura découvert
,, ces trompeurs.

Il n'eft jamais au-deffous de la
Majefté fouveraine d'écouter les
plaintes refpectueufes de fon peuple, de juger entr'eux & fes Miniftres injuftes. Il eft le pere du
Peuple. Ce n'eft pas violer le droit
paternel que de lui remontrer ce
qu'il ne peut pas toujours appren-
dre par lui-même. ,, Il n'y a point
,, d'autre remede, *dit un illuftre*
Ma-

,, *Magiftrat du fiecle paffé (a)* ,
,, quand l'affection des Sujets eft
,, alienée d'un Prince, que de con-
,, voquer les Etats generaux d'un
,, Royaume felon la coûtume en
,, France. C'eft dans ce Tribunal
,, feul qu'on peut écouter & fatif-
,, faire aux plaintes de toute une
,, Nation. Dans ces affemblées pu-
,, bliques, les Sujets entrent en
,, conference avec leur Prince, lui
,, expofent leurs griefs, & fe fou-
,, mettent enfuite fans murmure, à
,, porter avec patience & foumif-
,, fion le joug non pas du Roi,
,, mais de la Nation accablée fous
,, le poids de fes befoins.

Qu'on ne fe plaigne donc pas fi
facilement des Princes; ils font fouvent de bonne foi dans leurs démarches les plus injuftes , mais
étant trompez & affiegez par leurs
Miniftres, ils ne peuvent découvrir la verité. Qu'on s'accufe foi-

____

(a) *Hift. de M. de Thou, lib.* 25.

 même

même de ce qu'on n'a pas le courage de dire la verité aux Souverains. L'amour de la Patrie est presque éteint, chacun ne songe qu'à soi ; & si l'on peut s'aggrandir soi-même, l'on ne se soucie pas que les autres souffrent. Les Etats périssent plutôt parce qu'il y a peu de bons Citoyens, que parce qu'il y a souvent de mauvais Souverains.

On ne doit jamais prendre les armes contre les Souverains légitimes. Nous l'avons vû. Quelques bonnes que soient les intentions des Sujets; quelques grandes que soient les extrêmitez ou ils sont réduits, le remede est toujours fatal parce qu'il ouvre la porte à des désordres encore plus funestes que ceux dont on voudroit se délivrer. Mais s'il n'est jamais permis de prendre les armes, combien est-il plus monstrueux de s'en servir contre la personne même du Roi. Quand il seroit permis de se tenir sur la défensive pour empêcher les abus de

son

fon autorité ; il feroit toujours pernicieux de fe fervir de ce violent remede à autre deffein que pour écarter du Trône les Miniftres lâches & empoifonneurs qui corrompent les Princes, & pour avoir un libre accès auprès de la facrée Perfonne du Roi, afin de l'inftruire de l'état de la Nation. Si-tôt que les Sujets en approchent, ils ne peuvent que lui repréfenter leurs griefs, lui marquer avec refpect que la néceffité qui n'a aucune Loi les a obligez de s'adreffer à lui-même ; il faut qu'ils fe tiennent au pied du Trône, il n'eft pas permis de monter plus haut. Ils n'ont aucun droit de juger ni de punir le Pere de la Patrie. Il a fait des fautes, il a été entraîné par fes propres paffions, où par celles de fes courtifans ; mais c'eft toujours un Pere, le dépofitaire de l'autorité divine, la fource de l'ordre & de la fubordination. Ses crimes ne donnent aucun droit fur fa vie.

I 4   La

La souveraineté étant exposée à beaucoup de haines, à des tentations violentes, à des bevûës souvent involontaires, qui ont des conséquences affreuses que les Souverains ne prévoyent point, il faut munir leurs personnes d'une sûreté particuliere. C'est le sentiment unanime de toutes les Nations.

„ *Selon Quinte-Curce*, les Peuples
„ qui vivent sous les Rois ont la
„ même veneration pour le nom
„ Royal que pour une Divinité.
„ *Artaban Persan disoit* que la meil-
„ leure de toutes les Loix est celle
„ qui ordonne d'honorer & de ré-
„ vérer le Roi comme l'Image de
„ Dieu, conservateur de toutes
„ choses. *Et Plutarque sur Agis dit*
„ que c'est une action impie d'at-
„ tenter sur la personne du Roi,
„ quelles qu'ayent été ses fautes.
Tant il est vrai que selon l'aveu de toutes les Nations, les personnes des Rois doivent être inviolables.

C'est ainsi qu'il faut supporter
avec

avec modération & refpect le Pere commun de la Patrie dans fes fautes. C'eſt ainſi qu'il faut tâcher d'adoucir la fureur des Tyrans, fans nous rendre Tyrans à notre tour, en manquant à ce que nous devons. Ils ne méritent aucun ménagement, mais l'autorité divine dont ils font les dépoſitaires, & la néceſſité abſoluë de regarder cette Autorité comme inviolable pour l'amour même de la Patrie, doivent nous faire refpecter le pouvoir qui réſide en eux. S'il eſt jamais permis de dépoſer & de punir les Souverains, vous fourniſſez un prétexte aux ambitieux de renverfer quand ils le peuvent l'Autorité Royale, vous expoſez toutes fortes de Gouvernemens à des révolutions fubites, & vous livrez fouvent les meilleurs Princes à la rage d'une Populace.

Je ne parle point du cas d'un délire manifeſte, quand un Souverain tuë fes Sujets pour fe divertir

comme

comme ce Roi de Pegus qui, par l'instigation de ses Magiciens, défendit à ses Sujets de cultiver la terre ; de sorte que le Peuple fut réduit par la famine à se manger les uns les autres. Dans les cas de folie évidente, il ne faut pas des Juges superieurs pour déposer les Princes, une consultation des Medecins suffit pour engager le Corps de la Nation, à lier les mains à un tel Souverain comme on feroit à un pere frenetique. Mais dans ces cas même il faut conserver un respect inviolable pour la personne du Prince.

Si les Sujets suivoient cette conduite avec leurs Princes, on préviendroit les trois grands maux qui causent la ruine des Etats, l'oppression totale & absoluë du Peuple, l'assassinat sacrilege & impie des Souverains, & les usurpations injustes.

Au reste, je ne parle ici que de l'obéïssance dûë à la puissance suprême

prême d'un Etat ; car si ceux qui gouvernent ne font que les simples Exécuteurs des Loix, & nullement les Légiflateurs fouverains, il y a toujours quelque reffource contre les abus de leur Autorité. Ceux en qui réfide le pouvoir fuprême, peuvent & doivent les punir. Mais quand une fois cette Autorité fuprême eft fixée par la conftitution fondamentale de l'Etat dans la perfonne, ou les perfonnes d'un feul, d'un petit nombre, ou de plufieurs, il n'eft plus permis de fe révolter.

Ce que nous venons d'avancer ne fe borne point à la Royauté toute feule, comme fi nous en étions les Idolâtres. La confpiration de Catilina contre le Sénat Romain n'étoit pas moins criminelle que celle de Cromwell contre le Roi d'Angleterre. Tous les Etats de quelque efpece que foit leur Gouvernement, ont un interêt puiffant de favorifer les principes d'obéiffance que nous venons d'établir.

tablir. Notre dessein n'est pas de mépriser aucune forme de Gouvernement légitime ; mais de les faire respecter toutes comme sacrées & inviolables, & d'inspirer l'amour de la paix & de la soumission, comme étant les vertus non-seulement des bons Citoyens ; mais des vrais Philosophes.

CHAPITRE XI.

Des parties de la Souveraineté, de son étenduë, & de ses bornes.

L'*Autorité Souveraine* suppose un pouvoir d'empêcher les désordres, & les violences soit du dehors, soit du dedans, qui pourroient détruire la Société. Pour parvenir à cette fin il faut que le Souverain ait trois sortes de Droits.

1. Le Droit de marquer aux Sujets des regles de conduite qui instruisent chacun de ce qu'il doit faire, ou ne pas faire pour conserver

ferver la paix de l'Etat , & ce qu'il
doit fouffrir s'il manque à l'obfer-
vation de ces Loix. C'eft ce que
les Politiques appellent *le pouvoir
legiflatif.*

2. Il ne fuffit pas de prévenir les
maux interieurs du grand corps
Politique , il faut auffi le défendre
contre les violences qui viennent
du dehors , par un pouvoir d'ar-
mer les Citoyens contre tous ceux
qui veulent les attaquer. C'eft ce
qu'on appelle *le pouvoir de faire la
guerre & la paix.*

3. Les befoins de l'Etat demandent néceffairement des frais con-
fidérables foit dans le tems de guerre, foit dans le tems de paix. Il faut
que les Souverains ayent le pouvoir
de lever des impôts , & d'obliger
les Citoyens de contribuer ce qui
eft néceffaire pour fatisfaire aux
befoins de la Patrie.

Par ces differentes prérogatives
les Souverains acquierent trois fortes de Droits fur les Sujets. Droit
fur

sur leurs *Actions*, Droit sur leurs *Personnes*, Droit sur leurs *Biens*. Mais Dieu de qui l'Autorité souveraine émane, ne donne pas ce pouvoir pour que ceux qui en sont revêtus en usent selon leur fantaisie. Il a eu une fin en confiant à l'Homme une Autorité si étenduë. Cette fin est la regle & la Loi suprême selon laquelle il faut user de ces Droits. Et cette Loi ne peut être que le *Bien Public*.

La regle pour juger du vice & de la vertu est la même dans la *Politique* & dans la *Morale*, dans les Societez entieres, comme dans chaque individû. L'Homme est toujours criminel, quand il agit par une volonté propre qui ne se rapporte qu'à lui-même. Il est toujours vertueux quand sa volonté se regle par l'amour du bien universel, du bien en soi, de ce qui est bien pour tous les Etres raisonnables. De même dans la Politique les Souverains ne pêchent jamais,

quand

quand ils n'ont d'autre Loi que le bien public : mais tout Souverain qui agit uniquement pour ſes interêts propres, ſans égard au bien commun de la Societé, eſt un Tyran.

Les Souverains n'ont point de Juges ſur Terre au-deſſus d'eux, pour les punir, mais ils ont en tout tems une Loi au-deſſus d'eux pour les regler. ,, De qui eſt-ce, ,, (a) *dit Plutarque*, que peut dé- ,, pendre le Prince ? Je réponds, ,, qu'il eſt ſoumis à cette Loi vi- ,, vante que Pindare appelle, le ,, Roi des mortels & des immor- ,, tels, laquelle n'eſt pas écrite dans ,, des Livres, ou ſur des planches, ,, puiſqu'elle n'eſt autre choſe que ,, la *Raiſon* qui habite toujours au ,, dedans de lui, qui l'obſerve in- ,, ceſſamment, & qui ne laiſſe ja- ,, mais ſon ame dans l'indépen- ,, dance. *De là il ſuit.*

____

(a) *Plut. de principe indocto.*

1. Que les Souverains n'ont aucun droit sur les actions des Sujets qu'autant qu'elles regardent le *bien public* de la societé, & l'avantage de l'état. Ils n'ont aucun droit sur la liberté de l'esprit, ou de la volonté des Citoyens. Leur pouvoir ne s'étend qu'aux actions exterieures. Nul Souverain ne peut, par exemple, exiger la croyance interieure de ses Sujets sur la Religion. Il peut empêcher l'exercice public, ou la profession ouverte de certaines formules, opinions, ou ceremonies qui troubleroient la paix de la République par la diversité & la multiplicité de Sectes. Mais son autorité ne va pas plus loin. C'est aux Puissances Ecclesiastiques établies par Dieu pour instruire les Nations qu'il appartient de montrer par la voye de persuasion que la souveraine raison a ajoûté à la Loi naturelle, une Loi surnaturelle, & on doit laisser les Sujets dans une parfaite liberté d'examiner, chacun

pour

pour foi , l'autorité & les motifs de credibilité de cette revelation. » La » Religion vient de Dieu, *comme dit un Auteur celebre* , » elle eft au deffus » des Rois : Si les Rois fe mêlent » de la Religion , au lieu de la pro- » teger , ils la mettent en fervi- » tude.

2. Les Souverains n'ont aucun droit fur les perfonnes de leurs Sujets , qu'autant qu'il eft néceffaire pour le bien public. La Souveraineté dérive immediatement de Dieu. Ses droits ne doivent jamais contrarier les deffeins pour lefquels Dieu l'a donnée. Dieu ne la peut donner pour être l'executrice de l'injuftice , de la violence , de la cruauté , & de toutes les autres paffions brutales & inhumaines des Souverains barbares & ambitieux. Lui feul a droit fur la vie de fes creatures. Il n'a communiqué ce droit que pour conferver l'ordre &

Telem. dern. Edit. Lib. 23.

 empê-

empêcher le violement des Loix.
Donc nul Souverain ne doit ôter
la vie des Sujets, qu'autant que le
Sujet est convaincu par les Loix
mêmes de les avoir violées. Voilà
ce qu'on appelle la *liberté des Sujets*
qui doit être sacrée & inviolable
aux Princes.

3. Les Souverains n'ont aucun
droit sur les biens particuliers du
Sujet, qu'autant que cela est néceffaire pour le bien public. Le droit
hereditaire des Terres, & le droit
hereditaire des Royaumes étant
fondez sur les mêmes principes, détruire l'un, c'est attaquer l'autre.
Voilà ce qu'on appelle le droit de
proprieté.

Quand le bien public le demande, les Souverains peuvent punir
les actions, sacrifier les personnes,
se saisir des biens des particuliers,
parce que la liberté, la conservation, & le bien public de la societé
doivent être préferez à la liberté,
la conservation & la proprieté particuliere

ticuliere d'un ou de plusieurs Sujets. Les Souverains ne sont que les conservateurs des Loix , les executeurs de la justice , les Peres & les Tuteurs du peuple. Toute action qui n'est pas une suite nécessaire de ces qualitez est un abus de l'autorité souveraine. Toute Loi faite, toute Guerre déclarée, tout Impôt levé dans une autre vûë que celle du *bien public*, est un violement des droits essentiels de l'humanité. Tous les hommes étant d'une même espece , Membres d'une même République, & d'une même Famille, nulle créature semblable à eux ne peut par aucun droit , soit inherent, soit communiqué , les priver de leur être, ou de leur bien être , sans que cela soit nécessaire pour le bien commun de la societé.

Mais comme il faut pour le repos & la conservation de la societé qu'il y ait un Juge en dernier ressort de ce que demande le bien

 public,

public, il faut nécessairement que
les dépositaires de l'autorité suprême en décident souverainement,
sans quoi, en voulant se garantir
contre les abus de l'autorité, on
détruiroit tout principe fixe d'autorité, & l'on tomberoit dans l'Anarchie, le plus grand de tous les
maux sans comparaison.

Tels sont les droits de la souveraineté nécessaires pour empêcher
la ruine de la societé. Telles sont
les bornes de la souveraineté neces-
saires pour empêcher les abus de
l'autorité. Pour conserver l'ordre
il faut que les hommes soient soûmis à d'autres hommes foibles,
faillibles, & sujets à des passions
innombrables. Il est donc impossible de choisir aucune forme de gouvernement qui ne soit pas exposée
à mille malheurs, & à mille inconveniens. En évitant les maux affreux de l'Anarchie, on court risque de tomber dans l'esclavage.
En vivant sans gouvernement, on

peut

peut devenir fauvage, en vivant fous le gouvernement on peut devenir efclave. Trifte état de l'humanité, mais fage établiffement de la Providence pour nous détacher de la vie, & nous faire afpirer à une autre, où l'homme n'eft plus fujet à l'homme, mais à la raifon fouveraine.

CHAPITRE XII.

Des differentes formes de Gouvernement.

LE deffein de tous les fages Legiflateurs, & le but de tous les differens Syftêmes de Politique, a été de regler l'autorité fouveraine, de telle forte qu'on évite également ces deux inconveniens. Le Pouvoir arbitraire & l'Anarchie, le Defpotifme des Souverains, ou celui de la Populace.

Les uns ont crû que la Souveraineté eft un trefor trop vafte pour le confier à une feule perfonne, les

autres,

autres, que c'est un dépôt trop précieux pour le laisser à la disposition de la multitude. Quelques-uns ont pensé qu'il falloit que les Chefs du Peuple en fussent les Gardiens. D'autres enfin se sont persuadez, qu'il faut la partager entre le Roi, les Nobles & le Peuple. Voilà la source de toutes les formes de gouvernement à qui on a donné les divers noms de *Democratique*, *Aristocratique*, *Monarchique*, & *Mixte*.

La *Démocratie*, ou le Gouvernement populaire n'est pas celui où chaque Particulier a voix déliberative, & un égal pouvoir dans le gouvernement ; cela est impossible & absurde. Le Gouvernement populaire est celui où le Peuple se soûmet à un certain nombre de Magistrats, qu'il a le droit de se choisir & de changer, quand il n'est pas content de leur administration.

Le Gouvernement *Aristocratique*, est celui où l'autorité souveraine est confiée à un Conseil suprême & perma-

permanent ; de forte que le Senat feul a le droit de remplacer fes Membres, quand ils viennent à manquer par la mort, ou autrement.

Le Gouvernement *Monarchique,* eft celui où la fouveraineté refide toute entiere dans une feule perfonne. Dans tout état où le Prince eft fujet aux jugemens d'un Confeil, & refponfable à d'autres de fa conduite, le Gouvernement n'eft pas Monarchique, & la Souveraineté ne refide point dans un feul.

Rien n'eft plus curieux pour ceux qui voudroient comparer enfemble les inconveniens & les avantages de ces trois formes de Gouvernement, que ce que nous lifons dans le Pere des Hiftoriens *Herodote.* Il nous raconte ce qui fe paffa dans le Confeil de fept Grands de la Perfe, quand il s'agiffoit d'établir une nouvelle forme de Gouvernement, après la mort de Cambyfe, & la punition du Mage qui

avoit

avoit usurpé le Trône sous prétexte d'être Smerdis fils de Cyrus.

Otanes opina qu'on fît une République de la Perse, & parla en ces
termes : » Je ne suis pas d'avis que
„ l'on mette le Gouvernement en-
» tre les mains d'un seul ; vous sa-
» vez jusques à quels excès Cam-
» byse s'est porté, & jusques à quel
» point d'insolence nous avons vû
» passer le Mage. Comment l'Etat
» peut-il être bien gouverné dans
» une Monarchie où il est permis à
» un seul de faire tout à sa fantaisie?
» une autorité sans frein corrompt
» facilement l'homme le plus ver-
» tueux, & le dépouille de ses meil-
» leures qualitez.

» L'envie, & l'insolence naissent
» des biens & des prosperitez pre-
» sentes, & tous les autres vices
» découlent de ces deux-là, quand
» on est maître de toutes choses. Les
» Rois haïssent les Gens de bien
» qui s'opposent à leurs desseins in-
» justes, & ils caressent les méchans
» qui

» qui les favorifent. Un feul hom-
» me ne peut pas tout voir par fes
» propres yeux. Il écoute fouvent
» les mauvais rapports, & les fauf-
» fes accufations . . . Il renverfe les
» Loix & les Coutumes du Pays, il
» attaque l'honneur des Femmes,
» il fait mourir les innocens par
» fon caprice & par fa puiffance.
» Quand la multitude a le Gou-
» vernement en main, l'égalité qu'il
» y a parmi les Citoyens empêche
» tous ces maux. Les Magiftrats y
» font élus par le fort, ils y rendent
» compte de leur adminiftration,
» & y prennent en commun toutes
» les réfolutions. Je crois que nous
» devons rejetter la Monarchie, &
» introduire le Gouvernement po-
» pulaire, parce qu'on trouve plu-
» tôt toutes chofes en plufieurs,
» qu'en un feul.

Ce fut là l'opinion d'Otanes, mais Megabyfe parla pour l'Ariftocratie.

» J'approuve, *dit-il,* le fentiment
» d'Otanes, d'exterminer la Mo-

L

» nar-

» narchie, mais je crois qu'il n'a
» pas pris le bon chemin, quand
» il a voulu nous perfuader de re-
» mettre le Gouvernement à la dif-
» cretion de la multitude ; car il
» eft certain qu'on ne peut rien
» imaginer de moins fage & de
» plus infolent que la Populace.
» Pourquoi fe retirer de la Puiffan-
» ce d'un feul, pour s'abandonner
» à la tyrannie d'une multitude
» aveugle, & déreglée. Si un Roi
» fait quelqu'entreprife, il eft du
» moins capable d'écouter les con-
» feils des autres, mais le Peuple
» eft un monftre aveugle qui n'a
» ni raifon, ni capacité : il ne con-
» noît ni la bienféance, ni la ver-
» tu, ni fes propres interêts ; il fait
» toutes chofes avec précipitation,
» fans jugement, & fans ordre : &
» reffemble à un torrent qui mar-
» che avec impétuofité, & à qui
» on ne peut donner de bornes.
» Si on fouhaite donc la ruine des
» Perfes, qu'on établiffe parmi eux
» le

,, le Gouvernement populaire. Pour
,, moi je fuis d'avis qu'on faffe
,, choix de quelque gens de bien ;
,, & qu'on mette entre leurs mains
,, le Gouvernement & la Puiffance.

Tel étoit le fentiment de Megabyfe.
Après lui Darius parla en ces termes.

,, Il me femble qu'il y a beau-
,, coup de juftice dans le difcours
,, qu'a fait Megabyfe contre l'Etat
,, populaire ; mais il me femble
,, auffi que toute la raifon n'eft pas
,, de fon côté , quand il préfere le
,, Gouvernement d'un petit nom-
,, bre de perfonnes à la Monar-
,, chie. Il eft conftant qu'on ne
,, peut rien imaginer de meilleur
,, & de plus parfait que le gouver-
,, nement d'un Homme de bien.
,, De plus, quand un feul eft le maî-
,, tre, il eft plus difficile que les
,, ennemis découvrent les confeils,
,, & les entreprifes fecretes. Quand
,, le Gouvernement eft entre les
,, mains de plufieurs , il eft im-
,, poffible d'empêcher que la haine

,, & l'inimitié ne prennent naif-
,, fance parmi eux ; car comme
,, chacun veut que fon opinion
,, foit fuivie, ils deviennent peu
,, à peu ennemis. L'émulation &
,, la jaloufie les divifent. Enfuite
,, leur haine fe porte jufques dans
,, l'excès. De là naiffent les fédi-
,, tions, des féditions les meurtres,
,, & enfin du meurtre & du fang
,, on voit naître infenfiblement un
,, Monarque. Ainfi le Gouverne-
,, ment tombe toujours dans les
,, mains d'un feul. Dans l'Etat po-
,, pulaire il eft impoffible qu'il n'y
,, ait beaucoup de corruption , &
,, de malice. Il eft vrai que l'éga-
,, lité n'engendre aucune haine ;
,, mais elle fomente l'amitié entre
,, les méchans , qui fe foutiennent
,, les uns les autres , jufqu'à ce que
,, quelqu'un qui fe fera rendu con-
,, fidérable au Peuple, & qui aura
,, acquis de l'Autorité fur la mul-
,, titude , découvre leur trames ,
,, & faffe voir leurs perfidies. Alors
,, cet

,, cet Homme fe montre veritable
,, Monarque, & de là on peut re-
,, connoître que la Monarchie eſt
,, le Gouvernement le plus natu-
,, rel ; puiſque les féditions de l'A-
,, riſtocratie, & les corruptions de
,, la Démocratie nous font revenir
,, également à l'unité de la Puiſ-
,, ſance ſuprême.

L'opinion de Darius fut approu-
vée, & le Gouvernement de la
Perſe demeura Monarchique.

On peut conclure des Diſcours
de ces Sages de l'antiquité que
toutes les differentes formes de
Gouvernement ſont ſujettes aux
mêmes abus de l'Autorité ſouveraine. Ces abus ne ſe trouvent pas
ſeulement dans le Gouvernement
d'un ſeul. Les Ephores de Sparte,
les Decemvirs à Rome, les Suffetes de Cartage n'étoient pas moins
cruels & barbares que Néron &
Caligula. La Démocratie d'Athenes après le tems de Lyſandre
quand les trente Tyrans qu'il éta-

 blit,

blit, aſſocierent à leur conſeil trois mille autres, (*a*) eſt une tyrannie qui révolte l'humanité, & un maſſacre perpetuel des meilleurs Citoyens. Le traitement que la même République fit à Miltiade, à Ariſtide, à Themiſtocle, à Periclès leurs meilleurs Generaux, & les plus fideles Citoyens, marque combien le peuple furieux & aveugle, peut être tyrannique.

Les Factions, les Caballes, les Brigues, & les Elections rendent ſouvent & preſque toujours le Gouvernement du Peuple auſſi injuſte, auſſi violent, auſſi deſpotique que celui des Monarques les plus arbitraires. Il faut abſolument méconnoître l'humanité, & ignorer l'Hiſtoire pour ne pas ſçavoir que les Societez entieres ſont ſujettes aux mêmes caprices, aux mêmes bevûës, aux mêmes paſſions que les Hommes particuliers.

(*a*) *Xenophon. de rebus Græcis.*

Mais

Mais dans le Gouvernement populaire chacun espere devenir Tyran à son tour. C'est ce qui flat-
te ses admirateurs. Le Despotisme
d'un seul est sans doute un grand
mal, mais l'Anarchie en est encore un plus grand.

Plusieurs ont cru que le seul
moyen de trouver le milieu entre
ces deux extrêmitez étoit le Gouvernement mixte, où le partage de
la Souveraineté entre le Roi, les
Nobles, & le Peuple, entre un seul,
plusieurs, & la multitude, afin que
chacune de ces puissances étant ba-
lancées par l'autre, elles restent
toutes dans un juste équilibre.

Rien ne paroît plus beau dans la
théorie que ce mêlange de Puissances, & rien ne seroit plus utile
dans la pratique, si l'on en pouvoit
conserver l'harmonie ; mais ce partage de la souveraineté, loin de
faire un équilibre de Puissances,
en causent souvent le combat perpetuel, jusqu'à ce que l'une d'el-

L 4　　　les

des ayant abattu les deux autres, réduise tout au Despotisme ou à l'Anarchie.

Les Révolutions de la République Romaine, & celles de l'Angleterre nous fournissent des exemples éclatantes de cette verité. C'est ce que nous allons voir.

CHAPITRE XIII.

Du Gouvernement de la République Romaine.

LE premier Gouvernement de l'ancienne Rome étoit une Monarchie modérée par l'autorité d'un Sénat fixe, dont les membres étoient permanens, & non pas électifs.

Romulus choisit cent Peres de Famille pour faire son conseil souverain, & fit ainsi la distinction entre les Patriciens & les Plébéïens.

Pendant les premiers deux cent ans que dura la Monarchie, le Peuple

Peuple avoit tres-peu d'autorité dans les délibérations publiques. Le Defpotifme outré de Tarquin le fuperbe ayant rendu la royauté infupportable aux Romains, ils fe fouleverent contre ce Prince, le chafferent, & changerent la forme du Gouvernement.

L'Autorité Royale étant abolie, *le pouvoir Confulaire* fut fubftitué à fa place. Les premiers Confuls eurent les mêmes droits, & les mêmes marques d'honneur que les Rois, avec cette difference que leur puiffance fut annuelle, & que la fouveraineté étoit partagée entre deux Magiftrats égaux, afin que l'Autorité de l'un empêchât les excès de l'autre.

Le pouvoir Confulaire fut diminué dans fon origine. Valerius furnommé Publicola devenu fufpect au Peuple, & craignant fa fureur, affembla la multitude, fit abaiffer devant elle les faifceaux, (marque de l'Autorité fouveraine,) &

établit

établit par une Loi, qu'on appelle-
roit des Magistrats au Peuple , &
qu'il jugeroit des plus importantes
choses en dernier Ressort.

On ne peut disconvenir que la
dureté , l'ambition , & l'avarice des
Grands ne donnent souvent occasion aux dissensions Civiles : mais
quand le Peuple secouë une fois le
joug de l'autorité , il né connoît
plus de bornes ; & sous prétexte
de liberté il jette tout dans une
confusion qui entraîne la ruine de
l'Etat. C'est ce que nous allons voir.

Rome n'avoit plus une Souveraine Puissance distincte de la Noblesse & du Peuple , qui tint l'un &
l'autre dans un juste équilibre par
sa suprême Autorité. Les Patriciens
ayant traité avec la derniere rigueur les Plébéïens , jusqu'à char-
ger de fers & de coups ceux qui
n'étoient pas en état de payer leurs
dettes, cette cruauté barbare des
Nobles rendit le Peuple Romain
desesperé.

L'Enne-

L'Ennemi étoit tout prêt d'entrer dans Rome, tandis qu'elle étoit ainsi divifée. Le danger commun fufpendit pour quelque tems les troubles domeftiques; mais ils recommencérent fi-tôt que l'Ennemi fût vaincu, & fe terminérent dans la fameufe Retraite fur le Mont-Sacré, d'où le Peuple jura de ne jamais revenir, à moins qu'on ne lui accordât fes propres Magiftrats nommez *Tribuns*, pour le défendre contre l'oppreffion des Nobles. C'eft ce qui jetta les femences d'une éternelle difcorde dans Rome, & caufa un combat perpetuel de Puiffances contraires dans la République.

Les Tribuns ne cherchérent qu'à s'acrediter dans l'efprit de la multitude en la flatant, & fous prétexte de zele pour la liberté & les droits du Peuple, ces Artifans de difcorde firent chaque jour quelque nouvelle propofition pour diminuer l'Autorité du Sénat, pour confon-

confondre les rangs, & pour s'emparer de la Puissance suprême.

Ils commencérent d'abord à se faire donner le droit de convoquer les Assemblées du Peuple, & à se rendre les Accusateurs & les Juges des Nobles. Coriolan fut le premier qu'ils attaquérent ; & les conséquences de leur attentat contre ce Patricien auroient été funestes à la République, si les Dames Romaines n'étoient venuës au secours de la Patrie, en appaisant la colere de ce Capitaine outragé.

Les Tribuns voulant ensuite établir l'égalité, proposérent sous prétexte de réformer les Loix, une Ambassade en Grece, pour y chercher les Institutions des Villes de ce Païs, sur tout les Loix de Solon, qui étoient les plus Populaires.

On en fit un Recuëil ; & ces Loix appellées *les douze Tables*, ayant été établies, dix Hommes furent choisis pour en être les Interpretes & les Gardiens, & l'on ne pouvoit

pouvoit appeller de leur Jugement.
Cette nouvelle forme de Gouvernement ne fût pas de longue du-
rée. La licence & la tyrannie des
Decemvirs cauférent leur perte, &
l'on remit bien-tôt l'Autorité entre
les mains des Confuls.

Ces Confuls étant tout-à-fait
populaires, firent une Loi par laquelle il fût établi, qu'on ne pourroit créer à l'avenir aucun Magiftrat, fans qu'il y eût appel de fon
Jugement au Peuple.

Les Tribuns pour parvenir à
leur deffein, qui étoit de s'emparer
du pouvoir Legiflatif, afpirérent
au Confulat, réfervé jufqu'alors au
premier Ordre. La Loi pour les y
admettre eft propofée. Plûtôt que
de rabaiffer la Dignité Confulaire,
les Peres confentent à la creation
de trois nouveaux Magiftrats, qui
auroient l'autorité de Confuls, fous
le nom de *Tribuns Militaires*, & le
Peuple eft admis à cet Honneur.

Les Tribuns ne voulurent pas
s'en

s'en contenter ; ils pourfuivirent
toujours leurs deffeins : & pour y
parvenir , la Loi des Mariages entre les Patriciens & les Plébéïens
eft publiée par les Tribuns du Peuple , malgré les contradictions du
Sénat. Les larmes d'une femme
Noble qui avoit époufé un Plébéïen
emporterent alors ce que l'Eloquen-
ce , les brigues , & les caballes des
Tribuns , n'avoient pû obtenir. La
foibleffe du Sexe fait fouvent plus
dans la Politique, que les Talens
des plus grands Génies.

Bien-tôt tous les Rangs furent
confondus. Les Honneurs du Confulat , la Dictature même , & toutes les Magiftratures, foit de l'Etat,
foit du Sacerdoce, devinrent communes aux deux Ordres.

Cette ufurpation fur l'Autorité
des Nobles fût d'une confequence
funefte , parce qu'elle empêchoit
fouvent de donner aux Armées les
Chefs les plus capables. Les Confuls ne pouvant être tous deux Patriciens,

triciens , ni tous deux Plébéïens, il arriva fouvent que les Elections fe faifoient par faveur ; & celui qu'on eût voulu choifir pour fon mérite , fe trouvoit exclus , ou par l'oppofition du Peuple, ou par les intrigues du Sénat.

Les Magiftratures étant devenuës communes avec le Peuple , il devint auffi Legiflateur fuprême. Ce ne fût plus ce Peuple fi foûmis à fes Loix , & à fes Magiftrats. Non-feulement il difpute le droit de faire des Loix avec le Sénat : mais encore malgré ce Confeil fuprême , il fe fait des Loix à lui-même, & fe met en poffeffion des Privileges , & de toutes les marques de la Souveraineté. La methode de faire les Loix fût entierement renverfée. Le Sénat avoit coûtume de confirmer les *Plébifcites* : mais à prefent le Peuple s'attribuë le pouvoir de confirmer, ou de rejetter les *Senatus Confultes.*

Ce défordre fut fuivi d'un autre plus

plus grand.   C'est que le Peuple
changea & multiplia les Loix selon
son caprice. » Les bonnes Ordon-
,, nances, *dit Tacite* (a) , finirent
,, avec les douze Tables. Depuis
,, ce tems les Loix furent le plus
,, souvent établies par la violence,
,, à cause des dissensions du Peu-
,, ple & du Senat.... La licence
,, effrenée des Tribuns soûleva
,, toujours le Peuple pour faire pas-
,, ser leurs Decrets, & dès-lors on
,, fit autant de Loix qu'il y avoit
,, de personnes qu'on accusoit ; de
,, sorte que toute la République
,, étant corrompuë , les Loix se
,, multiplioient à l'infini.

Enfin, la confirmation de la Loi
Agraire , qui avoit été la source
de perpetuelles discordes pendant
plus de deux cens ans, acheva de
ruiner l'autorité du Senat, & de
corrompre tellemeut le Peuple,
qu'on

____

(a) *Annal. lib. 3. cap. 28.*

qu'on n'y reconnut plus le Caractere Romain.

Rien ne paroiſſoit plus juſte, ni
plus conforme aux anciens uſages
de la République. Dans les premiers
tems, quand les Romains avoient
emporté quelque Victoire ſur leurs
Ennemis, ils vendoient une partie
des Terres conquiſes, pour indem-
niſer l'Etat des frais de la Guerre,
& il en diſtribuoit une autre portion aux pauvres Plébéïens nou-
vellement établis à Rome.

Les Patriciens avides avoient
aboli peu à peu cet uſage ; & les
plus grandes Terres étoient devenuës par ſucceſſion de tems le Pa-
trimoine des Nobles.

Après l'agrandiſſement de la
République, il étoit donc impoſſible d'obſerver *la Loi Agraire*, ſans
ruiner les premieres Maiſons, &
ſans cauſer une infinité de Procez.
L'égalité des Richeſſes pouvoit
convenir aux Citoyens de Rome
Naiſſante : mais après qu'elle étoit
M   deve-

devenuë la Maîtresse du Monde, la distinction de Rangs étant né-cessaire, & la longue possession de Terres étant devenuë un droit par prescription, on ne pouvoit faire le partage des biens sans renverser toute subordination, & sans souffler par tout le feu de la Discorde.

D'ailleurs, les plus sages & desinteressez Sénateurs s'étoient op-posez pendant plus de deux siecles à la Loi *Agraire*, prévoyant que la Richesse des Citoyens introduiroit le Luxe, & amolliroit un Peuple dont la force étoit la Temperance. Dans les premiers tems de la Répu-blique, les Consuls & les Sénateurs faisoient gloire de la pauvreté, & jamais elle ne fut si longtems en honneur dans aucun Païs. Les Dic-tateurs tirez de la charuë la repre-noient après leur Victoire. Les vieux Romains sont de rares exem-ples de Tempérance.

Mais les Tribuns qui vouloient étendre le pouvoir Populaire, en

augmen-

augmentant les richeſſes des Plébéïens , & en confondant tous les
Rangs ne ceſſérent point leurs brigues , juſqu'à ce que cette Loi fût
établie.

Le Luxe ayant prévalu à Rome , l'ambition , l'amour de l'indépendance , & l'eſprit de Révolte
triomphent ſous le nom de liberté.
Les Caballes & la violence font
tout dans Rome. L'amour de la
Patrie , & le reſpect des Loix s'y
éteignent.

C'eſt ainſi que Rome par un
amour outré de ſa liberté , vit la
diviſion ſe jetter dans tous ſes Ordres. Les Plébéïens craignoient
l'autorité des Patriciens comme une
tyranie qui ruineroit la liberté. Et
les Senateurs redoutoient l'autorité
populaire comme un déreglement
qui réduiroit tout à l'Anarchie.
Entre ces deux extrêmitez un Peuple d'ailleurs ſi ſage ne pût trouver le milieu.

Depuis l'établiſſement des Tri-

 buns,

buns, on ne voit plus à Rome aucune forme de Gouvernement constante. Le Peuple change sans cesse la Magistrature. La République est dans une agitation perpetuelle, & déchirée sans cesse par des Guerres Civiles. Le Sénat ne trouvoit point de meilleur remede contre ces divisions intestines, que de faire naître continuellement des occasions de Guerres Etrangeres. Ces Guerres empêchoient les dissensions domestiques d'être portées à l'extrêmité.

Pendant la Conquête de l'Italie, & des Gaules Cisalpines, & pendant les Guerres Puniques, on ne voit point de sang répandu à Rome par les Guerres Civiles. Mais si-tôt qu'elle devient Maîtresse du Monde, & qu'elle n'a plus rien à craindre au dehors, elle commence à se déchirer elle-même. Les prétendans ambitieux ne songeant les uns qu'à flater les Nobles, les autres le Peuple; la division devient

sans

sans remede, & les Guerres inté-
rieures ne cessent point jusqu'à ce
que tout se termine dans une Monarchie, mais Monarchie la plus
dangereuse de toutes, c'est-à-dire
despotique, & sans regle de succession, où l'Empire étoit sans cesse
soûmis à la violence d'une Armée
qui s'étoit emparée de la Souveraineté, & qui se donnoit des Maîtres à son gré.

C'est précisément ce qu'avoit
prédit *Polybe*, le plus habile Politique de son tems. Cet Auteur avoit
une grande idée de la République
Romaine, tandis que le Sénat ne
perdroit point son Autorité : mais
si-tôt qu'il vit les divisions, &
l'esprit populaire prendre le dessus,
il prédit tout ce qui est arrivé. (a)
,, Après qu'une République, *dit*
,, *cet Historien* a surmonté de grands
,, périls, & qu'elle est arrivée à une
,, puissance qu'on ne lui dispute

____

(a) *Hist. Polib. lib. 6. de Rep. Rom.*

point,

,, point, l'ambition s'emparera des
,, esprits pour avoir les Magiftratu-
,, res. Lorfque ces maux fe feront
,, une fois augmentez, le commen-
,, cement de fa perte viendra des
,, honneurs qu'on pourfuivra par
,, des brigues. Alors le Peuple brû-
,, lant de colere ne fuivra que les
,, confeils que cette paffion lui au-
,, ra infpiré. Il ne voudra plus obéïr
,, aux Magiftrats, mais il s'attri-
,, buera tout le pouvoir. Ainfi la
,, République ayant changé de fa-
,, ce, fe changera en mieux en ap-
,, parence, & prendra un nom il-
,, luftre ; je veux dire celui de Li-
,, berté, & d'Etat populaire : mais
,, ce ne fera en effet que la domina-
,, tion d'une multitude aveugle,
,, qui eft fans doute le plus grand
,, de tous les maux.

C'eft ainfi que la plus belliqueu-
fe & la plus illuftre République du
Monde a été perduë par la trop
grande augmentation du pouvoir
populaire. Approchons - nous de
notre

notre tems, & voyons si l'Angleterre a profité des malheurs de l'ancienne Rome.

CHAPITRE XIV.

Du Gouvernement d'Angleterre, & des differentes formes qu'il a pris.

AVANT que l'Empereur Claude eût fait la Grande Bretagne une Province de l'Empire, cette Isle étoit partagée en plusieurs petits Etats, dont la plûpart avoient leurs Seigneurs, ou leurs Rois particuliers.

L'Angleterre fut plus de 400 ans sous la domination des Romains, qui l'abandonnérent enfin volontairement, & rappellerent leurs Troupes, pour les opposer aux irruptions des Nations du Nord qui commençoient à démembrer ce grand Empire. La Grande Bretagne destituée alors du secours des Romains ; les Pictes & les Caledoniens

niens nommez depuis Ecossois, sortant de leurs montagnes maigres & stériles, vinrent attaquer les Provinces Méridionales de cette Isle. Pour arrêter l'invasion de ces Montagnards féroces, les Bretons eurent recours aux Anglois, Nation Saxonne qui chassa les Ecossois, s'établit ensuite dans l'Isle, lui imposa le nom d'Angleterre, & la partagea en sept Royaumes, qui furent tous réunis 400 ans après sous la domination d'Egbert Roi de West-Saxe.

L'An 1066, Guillaume Duc de Normandie surnommé *le Conquerant*, fut appellé à la Couronne d'Angleterre par le Testament du Roi Edouard. Ce Prince s'étant rendu maître du Royaume, il le traita comme un Païs de conquête. Il y établit un Gouvernement despotique & absolu. Il distribua une grande partie des Terres des Anglois aux familles Normandes & Françoises qui l'avoient suivi dans son expedition. Il s'attribua le domaine

maine primitif des Terres ; il les chargea envers lui de redevances annuelles , & d'un droit payable à la mort de chaque détenteur , & fit d'autres difpofitions qui le rendirent plus proprietaire que les poffeffeurs même.

Le Conquerant laiffa le Royaume à Guillaume le Roux fon fecond fils , au préjudice de Robert fon aîné qui fit plufieurs efforts pour arracher la Couronne à fon Cadet : mais inutilement ; car Guillaume eut l'adreffe de mettre les Seigneurs Normans & Anglois dans fes interêts , en leur promettant qu'il rétabliroit la liberté & la proprieté des Sujets , felon les anciennes Loix Saxonnes. Cela plût également aux Seigneurs Normans & Anglois ; car c'étoit l'unique moyen d'affurer aux premiers la poffeffion des Terres que le Conquerant leur avoit données , & aux feconds celles qui leur appartenoient par droit de naiffance. Guillaume mourut pourtant sans remplir ses promesses.

Henri I, son frere cadet monta sur le Trône, & Robert son aîné fut exclus de nouveau. Pour assurer son usurpation, il suivit la même route que Guillaume le Roux, & promit de remettre le Gouvernement sur l'ancien pied. Il confirma sa promesse par une Chartre, mais il ne l'executa pas mieux que son frere.

Pendant quelques regnes après, cette Chartre n'ayant pas été executée, les Loix établies par le Conquerant s'étoient affermies.

L'an 1215, sous le Regne de Jean Sans-Terre, l'Archevêque de Cantorbery prétendit retrouver cette Chartre de Henri I. Le Roi Jean étant avare & cruel demandoit sans cesse des Subsides, & surtout au Clergé. Les Seigneurs lui proposérent le rétablissement de leurs libertez. Il le refusa, & ce refus fut le signal de la Guerre. Les

Barons

Barons liguez prirent les armes , &
donnérent à leur Chef le nom de
Maréchal de l'Armée de Dieu , &
de la Sainte Eglise. Le Roi fut
abandonné , & contraint de leur
offrir satisfaction. Après quelques
discutions avec les Barons sur leurs
Privileges , non-seulement le Roi
les confirma , mais il en ajouta
beaucoup d'autres , & les comprit
tous dans un Acte autentique, dont
lui & toute l'Assemblée jurérent
unaniment l'observation.

C'est cet Acte qu'on appelle *la
Grande Chartre.* Le Roi Jean ne
garda point ses promesses, non-plus
que ses Prédecesseurs. Il retracta
son serment ; & selon l'usage de ces
tems-là le Pape le déclara de nulle
valeur, comme ayant été extorqué
par la violence.

Après sa mort, Henri III son fils
lui ayant succedé , se trouva un
Prince foible. Les Barons renou-
vellerent leurs anciennes demandes pour le rétablissement de leurs

Privileges : mais il arriva ce qui arrive toujours , lorsque sous prétexte du bien public on sort des justes bornes de la subordination : non-seulement les Barons demandérent l'execution des choses justes qui leur avoient été tant de fois promises : mais profitant de la foiblesse du Roi , ils ajoûtérent plusieurs autres demandes qui alloient à dégrader entierement la Dignité Royale, & à mettre toute l'autorité entre les mains d'un petit nombre de facticux. Le Roi refusa des propositions si déraisonnables. Les séditieux prirent les armes sous la conduite du Comte de Leicestre Chef de la révolte. C'étoit un dévot, grave, austere, reglé , grand diseur de Prieres vocales, hypocrite, ou entousiaste , & peut-être tous les deux.

L'Armée Royale fut défaite , le Roi fait prisonnier , avec le Prince son fils. Le dévot rebelle ayant secoué le joug de son Souverain, imposa pofa le fien à la Nation Angloife. Les révoltez ne l'eurent pas plûtôt fenti, qu'ils le trouverent plus dur que celui des Rois, & firent leurs efforts pour le fecoüer. Grande leçon pour les amateurs des changemens. La tyranie ne cesse point, on ne fait que changer de Maître.

Après avoir tenu plusieurs mois le Roi dans les fers, & le Peuple fous le joug, les factieux fe divisérent & donnérent occasion au Prince Edouard de s'échaper de prison, de rendre la liberté à fon Pere, & de chasser l'Usurpateur.

Henri étant mis en liberté confirma la *grande Chartre* d'une maniere tres-folemnelle. C'eft cette grande Chartre qui a été le prétexte de toutes les factions qui agitent fi fouvent l'Angleterre. Ce n'eft pas qu'il y ait rien dans cette Chartre qui diminuë les vrayes prérogatives, & l'autorité des Rois. Elle ne contient pour la plûpart que les Loix de faint Edouard, & ces Loix étoient des Privileges accordez à la Nation par les bons Princes pour servir de barriere contre les méchans Rois. Ces Privileges ne regardent que la liberté & la proprieté des Sujets, & l'immunité de toute taxe extraordinaire sans le consentement des Barons. Mais les amateurs de l'indépendance se sont servi du beau prétexte de liberté & de proprieté accordée dans cette Chartre pour en abuser & pour donner des atteintes à l'autorité Royale.

(*a*) Après la mort de Henri III, Edouard I son fils lui succeda. Ce fut sous son regne que les Membres électifs des Provinces eurent séance en Parlement, ses Prédecesseurs avoient convoqué de tems en tems les Députez du Peuple pour assister au Conseil suprême : mais c'étoit les Rois qui nommoient euxmêmes ces Députez, & non pas le

____

(*a*) L'an 1280.

Peuple,

Peuple, & il étoit dans le pouvoir
de les appeller ou non. (*a*) Edouard
fut le premier qui accorda aux
Communes une féance fixe dans le
Parlement. Ils étoient d'abord affis
dans la même Chambre avec les
Pairs fpirituels & temporels; enfuite
ils furent érigez dans une Chambre féparée. Ils n'eurent originairement que voix repréfentative &
nullement déliberative, comme il
paroît par les Rôles du Parlement
pendant longües années après le
regne d'Edouard I. Dans tous ces
Rôles, les Communes parlent toujours au Roi en fuppliants, ne font
que lui repréfenter les griefs de la
Nation, & le prient de faire des
Loix par l'avis de fes Seigneurs fpirituels & temporels. La formule de
tous les Actes eft celle-ci : *Accordé*
par le Roi & les Seigneurs fpirituels
& temporels aux prieres & aux fup-
plications des Communes.

[*a*] Brady droit des Communes , pag. 140 ,
jufqu'à la page 150.

N 4   C'eft

C'est pour cette raison que jusqu'à ce jour quand le Roi d'Angleterre convoque le Parlement,
il mande aux Seigneurs de s'assembler
pour lui donner conseil ; mais il or-
donne aux Communes de se tenir prêts
pour se soumettre, à tout ce qui sera dé-
cidé par lui & par ses Seigneurs.

Edouard crût sans doute par ses
Privileges accordez aux Communes, faire un contrepoids à la trop
grande autorité des Barons qui le
gênoit : mais il se trompa ; car l'autorité des Communes devint plus
fatale à sa posterité, que n'avoit été
celle des Seigneurs à ses Ancêtres.
Le pouvoir populaire augmentant
peu à peu dans le Parlement, la
Constitution fondamentale de la
Monarchie Angloise fut alterée &
enfin totalement renversée.

Il est vrai que le pouvoir Royal
fut conservé entier pendant tout le
regne de ce Prince; car nous voyons
que par sa propre autorité, il fait
souvent des Loix sans convoquer
son

son Parlement. (*a*) C'est ainsi que dans les Statuts de Glocester, il s'attribuë le seul pouvoir legislatif, & la formule des Edits est *notre Souverain Seigneur le Roi a pourvû & établi les Actes suivans* : mais après sa mort sous le regne de son fils Edouard II, le Parlement commença à s'attribuer le pouvoir de juger & de déposer les Princes.

Avant ce tems, c'étoit une maxime fondamentale de la Loi commune d'Angleterre, (*b*) *que le Roi n'a point d'autre Superieur que Dieu ; qu'il n'y a point d'autre remede quand il fait des injustices, que d'avoir recours aux remontrances respectueuses, afin qu'il se redresse ; & s'il ne le fait point, il doit suffire que Dieu s'en vengera un jour.* Mais nous allons voir le renversement de ces Loix.

Quand le Parlement voulut faire

____

[*a*] *Stat. Glocest. an.* 1278, 1320.

[*a*] *Bracton. lib.* 1. *cap.* 8. *lib.* 2. *cap.* 7. *Glanville, lib.* 7 *cap.* 10. Ces deux Auteurs ont écrit il y a plus de 500 ans.

le procès au Roi Edouard II, & le
déposer, l'Evêque de Carlisle soû-
tint hautement que les Sujets n'a-
voient aucun pouvoir de juger leur
Souverain, qui étoit l'Oint du Seigneur. Cette remontrance les obli-
gea de garder quelques ménage-
mens ; & sous prétexte que le Roi
s'étoit trop livré à ses Ministres in-
solens, ils l'engagerent de ceder par
démission volontaire à son fils un
Trône qu'il ne pouvoit pas occu-
per avec dignité. Edouard bon, mais
foible Prince consentit à sa déposi-
tion, & fut condamné à une prison perpetuelle, où il fut assassiné
secretement.

Edouard III son fils porta l'autorité Royale, & la gloire du Sceptre
Anglois plus loin qu'aucun de ses
ancêtres.

Sous le Regne de ce grand E-
douard, les Seigneurs & les Communes déclarérent en plein Parlement (a), *qu'ils ne peuvent pas con-*

____

[a]. *An.* 1369. *parl.* 42.

sentir

sentir à aucune chose qui tende à l'ex-
heredation du Roi, quoique le Roi même la souhaitât [*a*]. *Que c'est un crime de haute Trahison de concerter ou
de tramer la mort du Roi, de prendre
les armes contre lui, ou d'adherer à ses
ennemis.*

Nonobstant ces Loix si solemnel-
les, Richard II son petit-fils fut jugé & déposé par son Parlement.
Ce Prince débauché dans sa jeu-
nesse avoit fait choix de tres-mau-
vais Ministres : mais il n'y a jamais
eu de Regne sous lequel le Peuple
fût plus heureux, les Nobles plus
respectez [*b*], ni le Clergé plus pro-
tegé ; & quoique le Parlement eût
déclaré quelques années auupara-
vant, que de tout tems & par
la Constitution fondamentale de
l'Etat, le Roi d'Angleterre n'é-
toit sujet qu'à Dieu seul ; cependant cet illustre Corps fit le pro-

[*b*] An. 1359. Stat. 5. chap. 2.
[*a*] An. 1392. parl. 16. Rich. 2. ch. 5.

cès à son Prince, l'accusa de plusieurs malversations, le déposa &
le condamna à une prison perpetuelle pour favoriser l'ambition du
Duc de Lancastre qui usurpa la
Couronne & regna sous le nom de
Henri IV.

Ce fut là le commencement de
la haine fatale & des guerres civiles entre les Maisons d'Yorck & de
Lancastre qui désolerent le Royaume pendant longues années. Cet
usurpateur commença comme les
autres à flatter les Peuples en leur
rendant graces de son élevation,
& en reconnoissant qu'il tenoit la
Couronne de leurs suffrages. C'é-
toit au reste un grand Prince dont
le Gouvernement sage & heureux
fit fleurir l'Angleterre aussi-bien
que celui de son fils Henri V. qui
conquit presque toute la France.

Après que la Maison de Lancastre eût possedé la Couronne plus
de soixante ans, Richard Duc de
York sous le regne de Henri VI

fils

fils de Henri V , préſenta à la
Chambre haute , ſans s'adreſſer à
la Chambre baſſe , une preuve de
ſon droit à la Couronne , comme
étant deſcendu d'un troiſiéme fils
d'Edoüard III , au lieu qu'Henri
VI n'étoit deſcendu que d'un qua-
triéme fils du même Roi. Les Seigneurs déclarerent d'abord que la
matiere étoit trop relevée , & qu'ils
ne pouvoient pas juger des droits
de la Couronne ſans l'ordre du
Roi. Henri leur ordonna d'examiner les prétentions du Duc , & ils
déclarerent que ſelon la Loi fondamentale du Royaume , le droit du
dernier étoit meilleur que celui du
premier.

Voilà un Acte authentique qui
prouve que le Parlement croyoit
alors que le Droit héréditaire étoit
inaliénable , puiſqu'il fut reconnu
pour le ſeul légitime , dans le tems
même que l'uſurpateur étoit ſur le
Trône , & après une poſſeſſion de
plus de ſoixante ans.

Il

Il fut décidé qu'après la mort de Henri, la Couronne passeroit au Duc d'York & à ses enfans. Le Roi & le Duc se broüillerent, on leva des armées, les guerres civiles commencerent entre la *Rose rouge* & *la Rose blanche*. Richard fut tué & son fils couronné Roi sous le nom d'Edoüard IV. Henri fut fait prisonnier, ensuite mis en liberté, & remis de nouveau sur le Trône, puis dépossedé encore, & enfin assassiné avec son fils.

Les Princes de ces deux Maisons rivales continuerent ainsi de se faire la guerre pendant plusieurs années. Toutes ces dissentions civiles furent enfin éteintes par le mariage du Comte de Richemond nommé Henri VII, qui ayant épousé Elisabeth fille aînée d'Edoüard IV, réünit en sa personne tous les droits de la Maison d'York & de Lancastre.

C'est à l'occasion de l'usurpation des Princes de la Maison de Lancastre

caftre que ces Princes font appellez dans les actes du Parlement
prétendus Rois, *Rois de fait & non
de Droit.*

L'envie qu'eut chaque parti
pendant ces brouilleries de gagner
les Communes, donna occafion à
la Chambre baffe de fortir de fes
anciennes bornes, & d'augmenter
fon autorité. Ce fut fous le regne
d'Edoüard IV que cette Chambre commença pour la premiere
fois à avoir quelque part au pouvoir Légiflatif. L'ancien ftyle des
Actes du Parlement fut changé. Au
lieu de dire comme autrefois (a)
,, accordez aux prieres & aux fup-
,, plications des Communes par le
,, Roi & les Seigneurs, ont mit ac-
,,cordé par le Roi & les Seigneurs
,,avec le confentement des Com-
,, munes. Cette formule pourtant
ne devint fixe que longues années
après. Car dans les regnes immé-

(a) *Roll. Parl.* 3. & 4. *Ed.* 4. *n.* 39.

diate-

diatement suivans on reprend l'ancien ftyle.

Henri VII par fa Politique & fa valeur étant devenu paifible poffeffeur du Royaume , & fans concurrent , ne fongea qu'à remplir fes tréfors , & à rehauffer le pouvoir Royal. Voici comment il s'y prit.

Avant fon tems , les Rois & les Seigneurs étoient les feuls Propriétaires des Terres. Les Pairs de la Nation étoient autant de petits Souverains qui tenoient leurs cours feparées dans les Provinces. Ils ne pouvoient pas aliéner le fond de leurs Terres, ni vendre leur Fiefs. Les Communes étoient leur Vaffaux , ils dépendoient entierement d'eux , ils étoient obligez de prendre les armes par leurs ordres , de fervir à la guerre fous leur conduite , & de paroître à leur fuite dans toutes les occafions publiques.

Henry VII , pour diminuer le pouvoir des Seigneurs qui avoient

toujours

toujours été les rivaux de l'Autorité Royale, fit propoſer dans le
Parlement par ſes créatures un Acte pour permettre aux Seigneurs de
vendre leurs Fiefs & leurs Terres.
Les Seigneurs gâtez par le luxe &
ruinez par les guerres civiles, con-
ſentirent à ſe dépouiller de leur anciens privileges pour profiter des
groſſes ſommes qu'ils retiroient de
la vente des Fiefs, & pour ſatiſ-
faire auſſi aux Tributs exhorbitans
que leur impoſoit Henri VII, dont
l'avarice étoit inſatiable.

Par cette vente des Fiefs, les
Communes devinrent propriétaires des Terres, comme le Peuple
Romain par la *Loi agraire*. Mais
cette démarche contribua dans la
ſuite à ruiner tout enſemble le
pouvoir Royal & Ariſtocratique.
Les Communes ſe voyant propriétaires des Terres, voulurent auſſi
avoir part à l'adminiſtration des
affaires publiques. Nous verrons
l'Autorité Populaire s'accroître in-

O ſenſi-

fensiblement, prévaloir dans les
Parlemens, & se porter par dégrez
aux plus grands excès.

Henri VII cependant après
avoir diminué le pouvoir des Seigneurs, augmenta l'Autorité Royale. Son esprit sublime & sa Politique profonde le rendirent maître
du Parlement, & préparerent à son
fils Henri VIII l'Autorité absoluë qu'il exerça pendant tout son
Regne.

Sous Henri VIII la suprême
indépendance des Rois d'Angleterre fut confirmée par de nouveaux Actes du Parlement. (*a*) Le
,, Royaume (*disent ces Actes*) est un
,, Empire gouverné par un Chef
,, suprème. Les Rois d'Angleterre,
,, leurs héritiers, & leurs succes-
,, seurs ont une Autorité Imperia-
,, le, (*b*) & ne sont obligez de ré-
,, pondre en quelque cause que ce
,, soit à aucun Superieur, parce

[a] *Parl.* 24. *ch.* 12.
[b] *Parl.* 25. *ch.* 21.

,, que

„ que le Royaume ne reconnoît
„ point d'autre Supérieur après
„ Dieu que le Roi.

Sous le regne du même Henri
commencerent les fameufes dif-
cordes fur la Religion qui rempli-
rent l'Europe de guerres civiles,
& de révoltes. Ces divifions Eccle-
fiaftiques cauferent beaucoup de
diffentions civiles en Angleterre.
Rien de remarquable ne fut changé cependant dans la forme du
Gouvernement. Il eft vrai que fous
le Regne d'Elizabeth, les Membres de la Chambre baffe voulurent
accroître leur Autorité. Mais cette
Princeffe hardie & ferme dans fa
conduite, les traita d'impertinens
& leur impofa filence. Il paroît
que l'Autorité dont ils joüiffent à
préfent, ne fut affermie que fous
le Regne de Jacques I, dans la
perfonne duquel furent réünies les
deux Couronnes d'Ecoffe & d'Angleterre.

Après cette union le Parlement

 com-

commença par confirmer de nouveau le droit hereditaire dans ces
termes : ,, Nous reconnoiſſons com-
,, me nous le devons, ſelon la Loi
,, divine & humaine que le Royau-
,, me d'Angleterre, & la Couron-
,, ne Imperiale, appartiennent au
,, Roi par droit inherent de naiſ-
,, ſance, & de ſucceſſion indubi-
,, table, & nous nous ſoumettons
,, & notre poſterité à jamais, à
,, ſon Gouvernement, juſqu'à la
,, derniere goute de notre ſang.
Cet Acte n'eſt pas l'établiſſement
d'un droit nouveau, mais un aveu
ſolemnel de toute la Nation que le
Gouvernement Monarchique, &
hereditaire eſt la Conſtitution du
Royaume.

Jacques I, Roi paiſible, eut
beaucoup de complaiſance pour ſon
Parlement, le conſultant non-ſeulement dans les affaires d'Etat,
mais preſque dans toutes celles qui
regardoient ſa famille, déferant
à ſes avis, affectant une grande
atten-

attention à ne point bleſſer ſes privileges, lui demandant peu de ſubſides extraordinaires ; mais en ſe
donnant ainſi la paix à lui-même,
il laiſſa à Charles I. ſon Succeſſeur
les ſemences des fameuſes diſcor-
des qu'on a vûës depuis. Deux
choſes contribuërent à ces troubles. L'une tirée de la Religion,
l'autre de la Politique.

Depuis le tems qu'on commença
à diſputer ſur les formules & les
formalitez de la Religion, l'Angleterre fut inondée par une foule
de Sectaires, dont les ſyſtêmes
étoient tous contraires les uns aux
autres. Parmi toutes ces Sectes il y
en avoit deux principales, l'une
qui en ſecoüant le joug du Pape
conferva l'Epiſcopat, la ſubordination hiérarchique, & une partie
des ceremonies de l'ancienne Egli-
ſe. L'autre renverſa toute hiérar-
chie, & toute ceremonie, comme
contraires à la ſimplicité Evangeli-
que, & leurs Eccleſiaſtiques étoient

tous

tous égaux. Les premiers s'appel-
lerent Episcopaux , les derniers
Presbyteriens. Les uns voulurent
une Aristocratie dans l'Eglise , les
autres une Democratie toute pure.
Les Politiques prirent parti dans
ces querelles de Religion. Ceux qui
respectoient l'Autorité Royale se
déclarerent pour les Episcopaux ,
& ceux qui aimoient le Gouvernement Populaire soutinrent les Presbyteriens. Cette division dans la
Religion augmenta les dissentions
civiles , & les Politiques de l'un
& de l'autre parti se servoient de
la Religion pour éblouïr le Peuple
& l'engager dans leurs interêts.

Le Roi Charles étoit zelé pour
les Episcopaux. Animé par l'Archevêque de Cantorbery , il voulut introduire en Ecosse la Litur-
gie Anglicane , & rendre la Religion de la Grande-Bretagne uni-
forme. Voilà la premiere source
des troubles. En voici la seconde.

Le Roi Charles étoit engagé de
faire

faire la guerre à la Maison d'Au-
triche pour l'obliger de restituer le
Palatinat à son beau-frere Frede-
ric Comte Palatin. Le Parlement
avoit promis au Roi Jacques son
pere l'argent nécessaire pour cette
entreprise. Charles le demanda,
mais la Chambre basse qui donne
les subsides le refusa ; car la plûpart de ses Membres étant zelez
Presbyteriens étoient indisposez
contre le Roi par la protection qu'il
donnoit à l'Eglise Anglicane. Le
Roi fut obligé de faire la guerre à
ses propres dépens, il eut recours
à un ancien impôt maritime qu'il
avoit droit de lever selon l'aveu
des plus habiles Jurisconsultes qui
furent choisis pour l'examen de
cette affaire. Un Membre de la
Chambre des Communes dont la
taxe n'excedoit pas vingt livres de
France, refusa de la payer. Plusieurs autres de la même Chambre
suivirent son exemple, & bien-
tôt on fit gloire de disputer avec le
Roi.

Roi. Charles caſſa le Parlement trois fois, & ſoutint toujours la guerre à ſes dépens. Les guerres étrangeres venant à ceſſer, l'Angleterre comme l'ancienne Rome tourna ſes armes contre elle-même.

Ce fut dans cette diſpoſition des Eſprits que s'aſſembla l'an 1640 le ſanguinaire Parlement qui renverſa la Monarchie Angloiſe. L'on y propoſa pluſieurs articles extravagans qui alloient à l'anéantiſſement du pouvoir Royal. Pluſieurs Membres de la Chambre haute ayant honte d'être dans une Aſſemblée où l'on pouſſoit ſi loin l'inſolence contre leur Souverain, l'abandonnerent, & allerent trouver le Roi qui s'étoit retiré à York.

Charles I fit tout ſon poſſible pour arrêter la fureur de la Caballe Antiroyaliſte par des propoſitions moderées, mais le Parlement leva des Troupes & voulant agir par force, le Roi parut à la tête d'une Armée, les Guerres Civiles commen-

commencerent, Cromwel Homme hardi, ambitieux & hypocrite, devint bien-tôt maître de l'Armée Parlementaire, & battit souvent celle du Roi qui se réfugia en Ecosse. Le Parti Républicain & entousiaste de cette Nation, livra lachement le Roi aux Anglois. *Tantum religio potuit suadere malorum.*

Charles ayant été fait prisonnier dans l'Isle de Wight, fut livré entre les mains barbares de ses rebelles Sujets.

Cromwel & sa Cabale s'étant rendus maîtres de l'Armée, les devinrent bientôt du Parlement, & commencerent à debiter les maximes du Whiggisme. *Ireton* son gendre dans une séance de la Chambre basse parla ainsi : „ Le Contrat du „ Roi & des Peuples contient un „ engagement mutuel aux Peuples „ d'obéïr, aux Rois de proteger le „ Peuple ; notre Roi cesse de nous „ proteger : dès-là nous sommes „ dispensez de la soumission à la-

P „quelle

» quelle nous étions engagez par le
» Contrat mutuel que nos Peres ont
» fait avec ses Ancêtres. On propo-
sa d'abjurer le Roi & la Royauté,
& d'établir pour l'avenir un Corps
representant le Peuple qui gouver-
nât l'Etat en son Nom.

L'Armée se saisit des portes des
deux Chambres ; & parce que la
Chambre haute eut horreur de ces
propositions, on déclara dans celle
des Communes, qu'à elle seule ap-
partenoit le pouvoir de faire des
Loix, & qu'on n'avoit pas besoin
du consentement des Seigneurs, la
souveraine Puissance étant originairement dans le Peuple.

On érigea un Tribunal, sous le
titre de Cour de la haute Justice,
par l'autorité des Communes. Le
Roi fut cité devant le Tribunal, accusé de tyrannie, de haute trahison, de tous les meurtres & de toutes les violences commises pendant
les Guerres Civiles. Enfin le meilleur Prince, le meilleur ami, & le
meil-

leur Maître est condamné à mort,
& on lui tranche la tête publiquement sur un échafaut. Cromwel se
rendit maître absolu sous le nom de
Protecteur , & regna jusqu'à sa
mort d'une maniere plus arbitraire
& plus despotique , qu'aucun Monarque de l'Europe.

Richard son fils n'ayant point
ses talens , ni ses vices, fut bien-tôt
obligé de s'enfuir. Les Royalistes
qui étoient toujours demeurez fi-
déles, quoique cachez, leverent la
tête. Charles II qui avoit erré longtems en exil avec son frere le Duc
d'York , fut enfin rappellé selon
le desir universel de la Nation qui
gémissoit sous la tyrannie de l'Usurpateur.

L'Eglise & l'Etat furent rétablis
sur l'ancien pied , & le droit hereditaire fut confirmé de nouveau.
Pour empêcher à l'avenir de semblables révolutions, les deux Chambres du Parlement suppliérent le
Roi , qu'il fut arrêté & déclaré

 que

» que par les [a] Loix indubitables
» & fondamentales d'Angleterre, ni
» les Pairs du Royaume, ni les Com-
» munes assemblées en Parlement,
» ou hors du Parlement, ni le Peu-
» ple collectivement ni representa-
» tivement, ni quelqu'autre per-
» sonne que ce puisse être, n'a ja-
» mais eu, ni dû avoir aucune au-
» torité coercive sur les personnes
» des Rois de ce Royaume. Que la
» derniere Guerre civile contre le
» Roi Charles procedoit d'une er-
» reur volontaire touchant l'autori-
» té suprême ; que pour obvier à
» l'avenir & empêcher que person-
» ne puisse être séduit & entraîné
» dans aucune sédition, il est arrê-
» té, que quiconque affirmera que
» les deux Chambres ensemble ou
» séparément, ont pouvoir legisla-
» tif sans le Roi, sera privé de tous
» ses biens & effets. Il est de plus
» déclaré que le seul & suprême

[a] *Parl.* 12. *ch.* 30. *Parl.* 13. *ch.* 1. 6. *& 7.*
Charl. II.

» gouver-

,, gouvernement des forces mili-
,, taires, & de tout ce qui leur ap-
,, partient eft, & a toujours été
,, felon les Loix d'Angleterre, le
,, droit indubitable du Roi & de fes
,, Prédeceffeurs, Rois & Reines
,, d'Angleterre, & que les deux
,, Chambres du Parlement, enfem-
,, ble ou féparément, ne peuvent,
,, ni ne doivent y prétendre, beau-
,, coup moins fe foulever pour faire
,, une guerre offenfive ou défenfi-
,, ve contre le Roi, fes heritiers ou
,, legitimes Succeffeurs.

Les Antiroyaliftes fubfifterent
pourtant toujours, & firent plufieurs efforts pour affaffiner le Roi,
& renverfer de nouveau la Monarchie. Vers la fin du regne de Charles II, les Communes propoférent
un Acte pour détruire le droit hereditaire, & exclure le Duc d'York
à caufe de fa Religion. Les Seigneurs rejetterent cet Acte, &
le Parlement d'Ecoffe affemblé à
Edimbourg, pour prévenir une

P 3   telle

telle injustice, fit le fameux Acte
de la succession. (a) C'est dans cet
Acte que ce Parlement reconnoît,
,, que par la nature de son gouver-
,, nement, & par ses Loix inviola-
,, bles & fondamentales, la Cou-
,, ronne est transmise & dévoluë
,, par le seul droit de succession en
,, ligne directe ; que nulle diffe-
,, rence de Religion, nulle Loi, nul
,, Acte de Parlement, déja fait, ou
,, qui puisse être fait à l'avenir, ne
,, peut changer, ou alterer ce droit.

Sous le regne de Charles II, les
Actes du Parlement d'Angleterre,
& de celui d'Ecosse sont remplis de
semblables déclarations, par les-
quelles ces illustres Corps recon-
noissent, ,, que le droit hereditaire,
,, & la suprême indépendance de
,, leurs Rois, sont & ont toujours
,, été les Loix fondamentales de
,, ces deux Monarchies. Ce ne sont
pas des Loix nouvelles faites par

____

[a] *L'An* 1681.

l'auto-

l'autorité d'un Senat, qui prétend
avoir le suprême pouvoir legiſlatif,
pour faire changer les Loix à ſon
gré : mais un témoignage autentique que les Etats de l'une & de
l'autre Nation rendent à leurs Loix
fondamentales, & une confirmation publique de ce qui a toujours
fait l'eſſence immuable de leur
Conſtitution.

Nonobſtant ces Actes ſi ſolem-
nels, & les ſermens les plus ſacrez,
le parti Antiroyaliſte prévalut. Le
feu Roi Jacques II fut contraint de
ſe retirer en France. Le droit hereditaire fut renverſé, & Guillaume
Prince d'Orange élevé ſur le Trône de ſon beau-pere par l'autorité
d'une convention rebelle à ſon
Maître. C'étoit renverſer les Loix
fondamentales. L'Aſſemblée de
1689, des Seigneurs & des Communes, ne pouvoit avoir aucune
voix legiſlative, ſelon les Loix, &
n'étoit pas un Parlement. Car ces
Loix ont toujours décidé que le

 Peu-

Peuple collectivement, ni representativement ne peut rien faire sans le Roi.

Les Partisans de la révolution disent que l'obéïssance n'est point dûë à la personne du Roi, mais à l'Autorité des Loix. Ils sont condamnez par leurs propres maximes. Les Loix portent, que le Roi n'est Sujet qu'à Dieu seul, qu'il ne peut être jugé par personne, que le Parlement, ni le Peuple n'a aucun droit de changer la succession. Voilà la constitution fondamentale & primitive de la Monarchie Angloise. Par quelle Autorité donc les Seigneurs & les Communes ayant chassé leur chef furent-ils assemblez ? Par quelle Autorité ont-ils renversé toutes les Loix ? N'ont-ils pas par cette conduite sappé les fondemens de leur constitution, & rendu le Gouvernement d'Angleterre tellement vacillant qu'il n'y a plus de forme fixe, puisqu'à chaque nouvelle assemblée

blée les Membres sans Chef peuvent changer & bouleverser les Loix fondamentales à leur gré ?

Le Prince d'Orange pour se conserver les bonnes graces du Peuple à qui il devoit la Couronne, relâcha des prérogatives royales, mais rien ne peut arrêter un peuple qui est une fois sorti du point fixe de la subordination. L'insolence des Communes devint si insupportable que Guillaume quoiqu'un Prince de leur création eut lieu de se repentir d'avoir accepté la Couronne.

L'histoire de ce qui est arrivé depuis sa mort est trop recente pour en faire le détail, & le tems n'est pas encore venu. Contentons-nous de faire quelques remarques sur la Monarchie Angloise & sur les formes differentes de son Gouvernement.

1. Pendant l'espace de 400 ans, que l'Angleterre partagée en sept Royaumes fut gouvernée par plus

de cent Rois , la Couronne a été
presque toujours hereditaire. Nous
ne voyons point qu'il y ait eu aucun de ces cent Rois qui ait été
ou déposé ou mis à mort par le
Conseil Souverain de ses Barons.
Après que cette *Heptarchie* (s'il
m'est permis de me servir de ce
terme) eût eté réünie sous un seul
Monarque, le Gouvernement Anglois continua sur le même pied.
Les Peres des anciennes Familles ,
les Grands du Royaume , les Seigneurs spirituels & temporels faisoient le Conseil suprême du Prince. Le Gouvernement étoit une
Monarchie Aristocratique. Les Seigneurs partageoient avec le Roi le
pouvoir legislatif , mais ils ne pouvoient rien faire sans lui. C'est la
difference essentielle qu'il y a toujours eu entre le Parlement d'Angleterre & le Sénat Romain. Le
Sénat étoit le pouvoir suprême de
la République, les Consuls n'étoient
que dépositaires pour un tems de
l'auto-

l'autorité des Sénateurs. Au contraire le Parlement d'Angleterre n'a jamais été que le Conseil suprême du Roi, il l'a toujours convoqué d'une maniere impérative, & l'a diffoût de même.

2. Sous cette Monarchie modérée par l'Aristocratie les Communes n'avoient aucune part au Gouvernement. (*a*) L'on ne succedoit au Roïaume que par le droit hereditaire ou par la défignation teftamentaire du Roi moribond qui n'ayant point d'enfans, ou qui voyant fes enfans trop jeunes pour gouverner, nommoit quelquefois fon fucceffeur avant que de mourir. Et quoique la fucceffion Saxonne fut interrompuë pendant l'efpace de 30 ans, par trois Rois Danois qui firent la Conquête de l'Angleterre vers le commencement du dixiéme fiecle, cependant on rétablit le droit de la fucceffion

____

(*a*) Brady hift. de la fucceffion à la Couronne d'Angleterre.

si-tôt que les Danois furent chassez de la Grande-Bretagne. Depuis la conquête par les Normans jusqu'à l'an 49, de Henri III. qui fut vers l'an 1270, le Gouvernement fut Monarchique & hereditaire, & penchant vers le Despotisme ; ce qui excita la jalousie des Nobles contre leur Prince, & fut une semence féconde de soupçons & de défiance contre l'Autorité Royale. Le Despotisme de Tarquin & de Guillaume le Conquerant ont été la source de tous les maux de Rome & d'Angleterre.

3. Remarquons cependant que tandis que le souverain Conseil n'étoit qu'*Aristocratique* on voit les Peres de la Patrie zelez pour leur liberté. Ils se broüillent quelquefois avec le Roi au sujet de la grande Chartre, & résistent au pouvoir arbitraire : mais sans sortir des justes bornes. Nous ne voyons point les Parlemens maltraiter les Princes, les desheriter, ni les mettre

à

à mort. Un faux dévôt, & un hypocrite ambitieux ufurpe la Couronne; mais le fouverain Confeil
du Royaume n'y a aucune part.
Le Roi & fon fils font captifs, mais
on ne croit pas encore qu'il foit
permis de juger, & de mettre à
mort les Souverains.

4. Tout commence à changer
de face fi-tôt que les Communes
deviennent une partie du Parlement. L'Autorité des Nobles &
du Roi diminuë, les affemblées
populaires arrachent la Souveraineté d'entre leurs mains, & peu
à peu le Defpotifme du Peuple devient abfolu. La Chambre baffe
d'Angleterre fait toutes les mêmes
démarches que les Tribuns de Rome. Peu de tems après l'érection
de cette Chambre, le Parlement
commence non pas à dépofer le
Roi: mais à l'engager à fe démet-
tre de la Couronne en faveur de
fon fils. Le droit hereditaire n'eft
pas ébranlé ni violé. Dans le fiecle
fuivant

suivant le Roi est accusé comme criminel, & il est déposé par l'autorité de son Parlement, sans qu'on ose encore le mettre à mort publiquement. Le droit hereditaire est suspendu, & la Couronne donnée à un Usurpateur.

Enfin dans le siecle passé le Parlement devient tout à fait Républicain. Sa partie Democratique se sépare de sa partie Aristocratique & usurpe l'Autorité souveraine, & toutes les deux veulent agir d'une maniere indépendante de la puissance Royale, en sappant le fondement de leur Constitution. Les Communes prévalent & usurpent non-seulement le pouvoir des Seigneurs, mais celui du Roi même qu'ils jugent, qu'ils déposent, & qu'ils condamnent à perdre la tête comme un criminel de la lie du peuple.

5. Depuis que les assemblées populaires ont eu le pouvoir legislatif en main, les Loix sont multipliées

à

à l'infini , & ces Loix font fouvent contradictoires. Ce n'eft pas feulement comme enFrance,où les differentes Provinces ont retenu les anciennes coûtumes qu'elles avoient avant que de tomber fous la domination d'un feul Monarque.

En Angleterre depuis que le principe fixe de la fubordination a été ébranlé, il n'y a plus rien de conftant dans les Loix fondamentales même. Suivant que les differens partis prévalent dans le Parlement on y fait des Loix toutes contraires les unes aux autres ; on y ordonne des fermens tyranniques qui fe tournent en parjures par leur variation continuelle, & par la violence avec laquelle chaque parti les exige tour à tour. Les differens partis qui difputent pour la fupériorité briguent pour faire choifir un Homme à leur gré, & les partis varient chaque jour dans leurs vûës, dans leurs interêts, & dans leurs maximes. Dans ces affemblées semblées il ne faut pas croire que les factions puissent être réduites à des classes regulieres ou qu'elles agissent par des principes fixes. L'unité de la Puissance suprême leur manque, ils se rompent & se divisent en autant de partis qu'il y a de têtes hardis pour conduire les differentes factions. Tous tendent au même but, c'est à s'emparer de l'autorité.

Les divisions & subdivisions parmi les Wiggs & les Toris se multiplient chaque jour. Il y a souvent cinq ou six differentes especes de Wiggs & de Toris. D'ailleurs les Chefs de ces differens partis changent souvent de principes. Les Wiggs deviennent Toris & les Toris deviennent Wiggs selon leurs interêts. Quand l'Autorité Royale soûtient un parti, ses Chefs sont Royalistes, & veulent rehausser les prérogatives Royales. Quand les Rois sont opposez à ces Chefs, ils deviennent Wiggs & Républicains,

cains , & veulent abattre le pouvoir Royal.

A l'élection des Membres de
chaque nouveau Parlement , on
ne voit dans les Provinces que brigues, que haines , que divifions ,
que tromperies. Les Wiggs & les
Toris , les Républicains & les
Royaliftes , les amateurs de l'indépendance , & ceux du Defpotifme , les courtifans & les créatures du Peuple ; toutes les differentes factions caufent un tel mouvement dans les efprits qu'il femble que le grand Corps Politique
fouffre des convulfions , & que la
Grande-Bretagne foit à chaque
nouveau Parlement dans le tranf-
port d'une fievre chaude.

Ce n'eft pas tout , quand les
Membres font élûs , arrivez à Lon-
dres , & affemblez en Parlement ,
les brigues recommencent , les cabales fe renouvellent, ceux qui oc-
cupent les premieres places dans le
Gouvernement ne font occupez

Q

qu'à

qu'à corrompre les Membres du Parlement, par Argent, par les Charges, ou les graces dont ils disposent. On voit dans ces assemblées tumultueuses & populaires quatre ou cinq Hommes qui entraînent tout par brigues, & par intrigues ; de sorte qu'un Deputé oubliant les interêts de ceux qui l'ont choisi, pour ne s'occupper que de ceux du parti auquel il s'est rendu, agit d'une maniere tout à fait contraire aux ordres, & à l'avantage de la Province qu'il représente.

La Chambre basse étant donc remplie à chaque nouveau Parlement de Membres, dont les pensées & les interêts sont tout à fait contraires & opposez, il n'est pas extraordinaire qu'il y ait une grande multiplicité & variation dans leurs Loix, & que les Actes du Parlement soient de volumes énormes des Loix contraires. *La multiplicité des Loix*, dit Platon, *est une marque*

marque auſſi certaine de la corruption
d'un Etat que la multitude des Medecins en eſt une de la grande quantité
de malades : mais la contrarieté des
Loix, & leur oppoſition frequen-
te eſt auſſi funeſte dans une République que l'uſage habituel des
remedes contraires l'eſt à la ſanté.

Rome & l'Angleterre nous montrent donc les funeſtes ſuites du
pouvoir ſouverain partagé avec le
Peuple. Voyons ſi la Monarchie
Ariſtocratique ne remedie pas à
ces inconveniens.

CHAPITRE XV.

De la Monarchie moderée par l'Ariſ-
tocratie.

1. L'Unité de la Puiſſance ſuprême a toujours été re-
gardée comme un tres-grand avantage dans un Etat pour prevenir
les diviſions & les jalouſies des
Chefs qui gouvernent. Le grand
bien de la Société n'eſt pas tant la

richesse & l'abondance des Particuliers que le bien commun de tous. Or ce bien commun est l'union des Familles, l'éloignement des guerres civiles, l'extinction des cabales. Il est incontestable que l'unité se trouve mieux lorsque la puissance suprême est réünie dans une seule volonté, que lorsqu'elle est divisée entre plusieurs volontez differentes.

Le Gouvernement partagé ou mis entre les mains de plusieurs, peut convenir aux Républiques renfermées dans une seule Ville, ou aux petits Etats ; mais il paroît incompatible avec des Royaumes d'une grande étenduë. Les Citoyens de chaque Ville voudroient toujours élever la leur au-dessus des autres. D'où il est naturel de voir naître des révolutions fréquentes, & des séditions cruelles. C'est de là que sont venuës toutes les jalousies de la Grece. Son célebre Sénat d'*Amphictions* ne pouvoit

voit pas empêcher les diffentions civiles. Cette fage Affemblée étoit pourtant compofée de Députez que nommoient les douze principales Villes de la Grece. Ils fe rendoient à certains jours précis aux *Termopyles*, où ils délibéroient de tout ce qui regardoit le falut, le repos, & l'interêt commun des Républiques : mais ce Sénat fi refpectable fut cependant trop foible pour appaifer & pour éteindre les jaloufies, les guerres civiles de Sparte, d'Athenes, &c. qui afpirerent tour à tour à l'Empire univerfel de la Grece, jufqu'à ce que toutes ces petites Républiques furent réünies fous la domination de Philippe de Macedoine, qui fe fervit de leurs divifions mutuelles pour les affoiblir & les fubjuguer.

2. L'unité de la Puiffance fuprême paroît néceffaire non-feulement pour l'union des Sujets, mais pour la promptitude des Confeils. Dans les Gouvernemens populaires

pulaires ou Aristocratiques, rien
ne se fait qu'avec lenteur, & dans
des assemblées publiques. Tout dépend pourtant quelquefois de l'ex-
pédition. Dans une Monarchie, le
Souverain peut délibérer & donner ses ordres en tout tems, & en
tout lieu. C'est pour cela que les
Romains dans les grandes & importantes affaires de la République, eurent souvent recours à l'u-
nité de la Puissance souveraine, en
créant un Dictateur, dont le pouvoir étoit absolu.

3. Le Gouvernement militaire demande naturellement d'être exer-
cé par un seul. Tout est en péril,
quand le commandement est partagé. Il s'ensuit que cette forme du
Gouvernement est la plus propre
en elle-même à tous les Etats, &
qu'elle doit enfin prévaloir, parce
que la puissance militaire qui a la
force en main, entraîne naturellement tout l'Etat après soi, & réduit tout au Gouvernement Monarchique.

narchique. C'est pour cela que nous voyons que toutes les plus fameu-fes Républiques du Monde, ont commencé par le Gouvernement Monarchique, & y sont enfin re-venuës. Ce n'est que tard, & peu à peu que les Villes Grecques ont formé leurs Républiques. (*a*) ,, Au ,, commencement tous étoient gou- ,, vernez par des Rois. *Rome a com-* ,, *mencé par la Monarchie, & y est* ,, *enfin revenuë. A present il n'y a point* ,, *de Républiques qui n'ayent été au-* ,, *trefois soumises à des Monarques.* ,, (*b*) Ne vaut-il donc pas mieux ,, que cette unité de la puissance ,, suprême soit établie d'abord, ,, puisqu'elle est inévitable & qu'- ,, elle est trop violente quand elle ,, gagne le dessus par la force ou- ,, verte.

4. L'unité de la Puissance su-prême est encore nécessaire pour maintenir la subordination entre

[a] *Just. lib.* 1.
[b] M. de Meaux *Polit.* de l'Ecr. Ste. p. 68.

les differens ordres que nous voïons dans tous les grands Royaumes dont les Sujets font diftinguez en deux claffes. La premiere eft de ceux qui font les Propriétaires des Terres, les Chefs des anciennesFamilles, les Grands de laNation qui naiffent dans la poffeffion actuelle de toutes les commoditez de la vie. La feconde qui eft la plus grande partie eft de ceux qui par l'ordre de la nature, & de la Providence naît dans la néceffité de gagner ce dont il a befoin par le travail, par les Arts, ou par le Commerce. Si les uns & les autres fe conduifoient felon les regles de l'humanité & de la droite raifon, les premiers ne fe ferviroient pas de leur autorité pour opprimer les derniers, & les derniers n'auroient point de haine & de jaloufie contre les premiers, à caufe de l'inégalité de leur état. Chacun fe contenteroit de fa condition, & tous contribuëroient par cette fubordination

nation à se soûtenir mutuellement.
Mais les passions des Hommes mettent la division entre ces deux ordres.

Si le Gouvernement est entierement entre les mains des Nobles,
ils oppriment le pauvre Peuple, la
République est réduite à l'Etat de
Rome avant la fameuse retraite
du Mont sacré, quand les Patriciens maltraitoient & accabloient
le Peuple. Si le Gouvernement est
Démocratique, les Noblés & les
Grands sont toujours exposez à la
haine, & aux insultes du menu
Peuple. Tel étoit l'Etat de Rome
vers la fin du Consulat quand tout
se gouvernoit au gré d'une populace aveugle & des Tribuns inso-
lens.

Il faut donc une puissance su-
perieure à ces deux ordres qui les
tienne dans leurs justes bornes : la
Royauté est comme le point d'ap-
pui d'un levier, qui en s'appro-
chant de l'un ou de l'autre de ces

deux extrêmitez les tient dans l'é-
quilibre.

Il faut que l'Autorité Royale
soit tellement indépendante de la
Noblesse & du Peuple, qu'elle soit
capable de moderer les deux partis. Voilà ce qui manquoit dans la
République Romaine après que le
Consulat fut devenu commun aux
Patriciens & aux Plébéïens. La
puissance étoit tantôt toute entiere
du côté des Nobles, tantôt toute
entiere du côté du Peuple. De sorte
qu'on n'y remarquoit jamais l'é-
quilibre, mais des séditions perpetuelles, & une oppression succes-
sive de l'un ou de l'autre de ces
deux ordres. Tel sera l'état de toutes les Républiques où l'on tâchera
de diminuer & de trop borner la
puissance suprême qui doit contenir dans leurs justes limites les deux
autres puissances subalternes.

5. Le Roi ne peut pas tout voir
de ses propres yeux, & tout connoître par lui-même, il faut qu'il
ait

ait des Confeillers non-feulement
pour inftruire le Prince de l'état de
la Patrie, mais pour l'empêcher de
tendre au Defpotifme tyrannique.
Voilà ce qui fait croire aux Royaliftes moderez qu'une Affemblée
dont les Membres font fixes & non
point électifs, doit partager avec
le Roi non pas la Puiffance fouveraine, mais le pouvoir legiflatif.
Le Roi, difent-ils, doit pouvoir
plus que tous ces Membres enfemble, mais rien fans eux, quand
il s'agit de faire des Loix. C'eft
affez accorder à un feul Homme.
Il ne faut pas que l'Autorité Royale foit l'unique & la feule puiffance de l'Etat. On ne doit rien faire fans elle, mais elle ne doit pas
pouvoir tout faire toute feule. On
ne doit point faire des Loix malgré
le Roi ; mais les Loix ne doivent
point dépendre totalement de fa
volonté abfoluë. Il faut un concours de la Puiffance *Monarchique
& Ariftocratique* pour compofer le

 pouvoir

pouvoir legiſlatif, & il ne faut jamais qu'ils agiſſent d'une maniere
indépendante.

6. Il ne faut pas que le Peuple
ſoit entierement exclu du Gouvernement, mais il ne faut jamais partager avec lui le pouvoir legiſlatif.
Nous avons vû les funeſtes ſuites
de ce partage de la ſouveraineté
dans les plus illuſtres Républiques
du Monde. Quand une fois les Députez du Peuple s'emparent de
l'autorité ſuprême, ils ne ſçauroient
ſe contenir dans les juſtes bornes,
& tôt ou tard ils réduiſent tout au
Deſpotiſme de la populace. Il ne
faut pas leur donner une Autorité
qui les mette dans la tentation de
trahir le Peuple, d'allumer le feu
de la ſédition & de la diſcorde.

En voulant les exclure ainſi de
l'Autorité ſouveraine, nous ſommes bien éloignez de vouloir fouler le Peuple : nous n'avons parlé
contre ces fiers repréſentatifs de
la multitude que parce qu'ils ſont

les

les vrais ennemis du Peuple loin
d'en être les Protecteurs ; qu'ils
trahiſſent le dépôt qu'on leur con-
fie, & que par ambition ils deviennent les brouillons de l'Etat. Le
pauvre Peuple eſt le ſoutien & la
baſe de la République. Il le faut
bien nourrir, & le faire bien tra-
vailler. S'il n'eſt pas bien nourri,
la force lui manque, & la République s'énerve ; s'il ne travaille
point, il devient une bête féroce
& indomptable.

Or, pour mettre le peuple à cou-
vert de l'oppreſſion, & l'empêcher
d'être foulé par l'Autorité Royale,
ce doit être une Loi inviolable de
ne jamais lever de ſubſides extraordinaires ſans ſon conſentement.

Je ne parle point ici des revenus
reglez & annuels qui ſont abſolument néceſſaires pour le ſoutien de
l'Etat & de la Royauté. Ce ſont des
prérogatives inaliénables de la
Couronne que les Rois ont toujours
droit d'exiger. Je ne parle que des
R 3 ſubſides

subsides extraordinaires, nouveaux
& passagers. Or, je dis avec Philippe de Commines grand Politique, & bon Royaliste (*a*) ,, que
,, nul Roi, nul Prince au Monde ,
,, n'a droit de lever de tels impôts
,, sur leurs Sujets sans leur consen-
,, tement , & qu'ils ne peuvent les
,, exiger contre leurs volontez , à
,, moins que d'user de violence &
,, de tyrannie. Mais , dira-t'on , il
,, arrive des cas si pressans qu'il y
,, auroit du danger à remettre la
,, levée de l'impôt après la convo-
,, cation des Etats qui ne se peut
,, faire si promptement. Est-ce donc
,, que la guerre que veut faire le
,, Prince est une chose qu'il faille
,, tant précipiter. Car c'est de la
,, guerre qu'entendent parler ceux
,, qui font cette objection. Peut-
,, on au contraire s'y engager trop
,, tard , & n'est-on pas toujours à
,, tems de la déclarer ?

(*a*) Hist. de Louis XI. liv. 5. ch. 18.

7. Mais

7. Mais pour rendre cette forme
de Gouvernement plus parfaite,
il faut que la Monarchie foit héréditaire. C'eſt une ſage précaution
des grands Légiſlateurs pour empêcher les diviſions & les jalouſies.
Il leur paroît qu'on doit fixer le
droit de la ſouveraineté par la naiſ-
fance, comme on fixe celle de la
proprieté. La nature qui nous a
donnée une regle pour l'un, ſem-
ble nous la donner pour l'autre.
C'eſt un grand bien pour le Peuple
que le Gouvernement ſe perpetuë
par les mêmes Loix qui perpetuënt
le genre humain, & qu'il aille pour
ainſi dire avec la nature. Toûtes
choſes égales, il faut toujours préferer ce qui eſt reglé par l'ordre
fixe & conſtant de la nature, à ce
qui eſt l'effet de la volonté capri-
cieuſe & inconſtante de l'Homme.

De plus, la Monarchie élective
eſt le plus malheureux de tous les
Gouvernemens ; plus l'autorité eſt
grande, plus il y a de brigues pour

y parvenir , & plus il y a de dangers de la laisser au jugement & à l'élection de la multitude. Si l'on examine bien la source de tous les malheurs de l'Empire Romain, on verra qu'ils venoient presque tous des élections. Tout étoit soumis à la violence d'une armée qui s'étant emparée de la souveraineté , se donnoit des Maîtres selon sa fantaisie , & souvent plusieurs à la fois. Un Roi qui n'a rien à esperer pour sa posterité après sa mort, ne songe qu'à ses interêts pendant sa vie, au lieu qu'un Roi héréditaire est disposé à regarder son Royaume comme son héritage qu'il doit laisser à ses Descendans.

C'est l'observation inviolable de cette Loi de succession qui a fait subsister le vaste Empire de la Chine depuis presque quatre mille cinq cent ans. Les Tartares pendant ce tems y ont commis souvent de grandes hostilitez. Cependant ils n'ont jamais pû ébranler cet Empire. Mais sifi-tôt que les Mandarins ont voulu changer le droit hereditaire, & fe rendre chacun fouverain, ils ont caufé de terribles revolutions dans le dix-feptiéme fiecle, & les Tartares fe font fervis de cette occafion pour les fubjuguer.

C'eft auffi la fucceffion hereditaire qui a fait fubfifter pendant plus de feize cent ans le plus fage Empire qui ait jamais été, je veux dire l'Egypte. Les mauvais Rois étoient épargnez pendant leur vie, le repos public le vouloit ainfi. Mais après la mort, on les puniffoit en les privant de la fepulture. Quelques-uns ont été traitez ainfi, mais on en voit peu d'exemples. Au contraire, la plûpart des Rois ont été fi cheris des peuples, que chacun pleuroit fa mort autant que celle de fon pere, ou de fes enfans.

8. Il eft néceffaire auffi pour la même raifon que le pouvoir Arif-tocratique qui modere le pouvoir Royal,

Royal, soit fixe, hereditaire, &
non pas électif. La nature & la
naissance donnent à chacun son
rang. On n'a pas besoin de le bri-
guer par les caballes & les élections
injustes & tumultueuses. Et c'est
là la raison essentielle pourquoi les
Membres électifs d'un Etat, &
ceux qui representent le peuple
ne doivent jamais avoir part à
l'autorité legislative. Ce n'est pas
qu'on ne trouve parmi les Plébéïens des esprits aussi capables,
aussi sublimes, aussi habiles que
parmi les Patriciens. Mais c'est parce que les factions étant inevita-
bles, tout est rempli de brigues &
de cabales, rien n'est fixe, rien n'est
stable, tandis qu'on laisse tout à
l'élection de la multitude aveugle,
& séduite par les esprits ambitieux.

De plus, le pouvoir Aristocratique doit être reglé par l'ancienneté des Familles, pour empêcher
que les Souverains ne se rendent
maîtres

maîtres abfolus de cette puiffance
qui modere leur autorité. Il feroit
à fouhaiter que les Rois ne fuffent pas les maîtres de multiplier
à leur gré les membres de ce Senat
fixe, qui partage avec eux le pouvoir legiflatif ; car autrement il
leur feroit aifé de diminuer fon autorité, en le rempliffant de leurs
créatures, qu'ils auroient élevées
exprès, pour fervir à leurs deffeins
injuftes. Si un Souverain veut re-
compenfer le mérite des grands
hommes, comme il le doit, il femble que ce ne doit pas être en les
admettant d'abord à partager avec
lui le pouvoir legiflatif, mais en
faifant monter par degré à ces dignitez, qui après une certaine fucceffion de tems donnent le droit à
leur pofterité d'avoir part à l'autorité Ariftocratique. (a) La ver-
,, tu, dit un célébre Auteur, fera
,, affez excitée, & l'on aura af-

____

(a) Telem. livr. 12. p. 466.

,, fez d'empreſſement à ſervir l'E-
,, tat, pourvû que les belles ac-
,, tions ſoient un commencement
,, de Nobleſſe pour les enfans de
,, ceux qui les auroient faites. Faute d'obſerver cette regle, les Tribuns
à Rome parvinrent autrefois à la dignité Conſulaire, les Nobles ſe multiplient à Veniſe à force d'argent. Et
les Communes en Angleterre, parviennent aujourd'hui à la Pairie,
ſeulement pour ſervir aux deſſeins
ambitieux de la Cour. Mais quand
les emplois ſont reglez par la naiſſance, chaque ordre de l'Etat s'apli-
que au travail pour lequel la nature
& la Providence l'ont deſtiné, ſelon
la ſubordination, ſans vouloir aſ-
pirer par ambition à confondre les
rangs. De cette maniere, on engage
la Nobleſſe au travail de l'eſprit, &
le peuple au travail du corps. Or
la force d'une Republique conſiſte
ſans doute dans un peuple dont les
differens ordres ſont inſtruits & la-
borieux.

La

La Monarchie moderée par l'A-
ristocratie eſt la plus ancienne & l a
plus naturelle de tous les Gouvernemens. Elle a ſon fondement &
ſon modele dans l'Empire paternel,
c'eſt-à-dire, dans la nature même ,
puiſque l'origine des ſocietez civiles vient du pouvoir paternel. Or
dans une famille bien gouvernée,
le Pere commun ne décide pas de
tout deſpotiquement ſelon ſa fan-
taiſie. Dans les déliberations publiques, il conſulte ſes enfans les plus
âgez , & les plus ſages. Les jeunes
perſonnes, & les domeſtiques, n'ont
pas une autorité égale avec les Peres de la famille commune.

C'eſt ſelon cette idée que Lycurgue ordonna que toute la Nation
des Lacedemoniens ne ſeroit qu'u-
ne famille, que les enfans appar-
tiendroient à la République ; que
les Peres les plus âgez ſeroient regardez comme autant de Magiſtrats ſuprêmes ; & que tous ces Peres enſemble ſeroient ſoûmis au
Roi ,

Roi, qu'on regarderoit comme le Pere commun de la Patrie. Mais le Peuple n'avoit point de voix déliberative dans le Gouvernement.

La Monarchie Aristocratique est le modéle du Gouvernement des plus fameux Etats. Avant que le pouvoir populaire prévalut en Grece, à Carthage, & à Rome, tout étoit gouverné par des Rois, & un Senat fixe. D'abord le Peuple n'avoit point voix déliberative. *Les Ephores, les Suffetes, & les Tribuns* n'étoient que les Avocats du Peuple. Tel étoit aussi le Gouvernement de l'ancienne Egypte, le Royaume étoit Monarchique & hereditaire. Un Senat composé de trente Juges tirez des principales Villes faisoit le Conseil souverain du Prince. Tel étoit aussi le Gouvernement de l'Empire des Perses. Les Satrapes ou les Grands du Royaume composoient le Conseil souverain du Monarque, & on les appelloit *les yeux & les oreilles du Prince.*

Prince. Tel est encore le gouvernement de la Chine. L'Empereur
quoiqu'absolu fait serment qu'il
n'établira jamais aucune Loi sans
le consentement de ses Mandarins.

Telle étoit enfin la forme du gouvernement que les Nations du Nord
(dont le climat froid & sterile en
diminuant l'imagination, augmente
le jugement) avoient porté dans
tous les Païs du monde , où elles
s'étoient établies après la destruc-
tion de l'Empire Romain, dont toutes les Nations avoient senti la tyrannie & les oppressions. Les Sa-
xons avoient établi la Monarchie
Aristocratique en Angleterre. Les
Francs dans les Gaules. Les Vi-
sigots en Espagne. Les Ostrogots,
& après eux les Lombards en Italie. L'ancien Parlement de la Grande Bretagne étoit purement Aristocratique. Tel étoit aussi le Champ
de Mars en France. Les *Cortes* en
Espagne. Le Tiers-Etat , & les
Membres électifs n'y ont eu part
que

que tard, & d'abord leur pouvoir ne regardoit que la répartition des subsides.

Voilà ce qui fait croire aux Royalistes moderez, que la forme du Gouvernement sujette à moins d'inconveniens, est la Monarchie moderée par l'Aristocratie. Les trois grands droits de la Souveraineté, disent-ils, savoir le *pouvoir militaire*, le *pouvoir legislatif*, & *le pouvoir de lever les subsides*, doivent être tellement reglez, qu'on ne puisse pas en abuser facilement. Il faut que la Puissance militaire reside uniquement dans le Roi, parce que de l'unité d'une même volonté dépendent l'expedition, le secret, l'obéïssance, l'ordre & l'union si necessaire dans la Milice. Il faut que le Roi partage avec un Senat fixe la puissance legislative, parce qu'il ne peut pas juger de tout par lui-même. Il faut enfin que le Roi n'impose les subsides extraordinaires que par le consentement universel

fel de tous les ordres du Royaume,
afin que le Peuple ne soit point foulé. Cette sorte de Gouvernement a
tous les avantages qu'on trouve
dans l'unité de la Puissance suprême, pour executer promptement
les bonnes Loix; tous ceux qu'on
trouve dans la multiplicité des
Conseillers pour faire les bonnes
Loix, & enfin tous ceux qu'on
trouve dans le Gouvernement populaire, par l'impuissance où est le
Roi d'accabler le Peuple de subsides extraordinaires.

Mais quels que soient les avantages de cette forme de Gouvernement, elle a pourtant ses inconveniens comme les autres.

1. Le partage de la Souveraineté entre le Roi & les Seigneurs,
cause infailliblement un combat
de Puissances contraires. Tôt ou
tard le Roi assujettit & abbat le
Senat & devient absolu, ou les
Nobles deviennent autant de petits Tyrans qui aneantissent le

                    pouvoir

pouvoir Monarchique , comme autrefois à Athenes , à Rome , &c. & aujourd'hui à Venise & à Génes.

2. D'un autre côté dans les Royaumes où le Peuple n'a point de part au Gouvernement , la hauteur des Grands , leur Avarice & leur Ambition leur font mépriser & fouler aux pieds ceux qui font obligez de vivre par le travail. Les Nobles oublient que la simple Naissance ne donne rien au-dessus des autres hommes , que l'occasion de faire plus de bien qu'eux ; leur orgueil les pousse souvent à se révolter contre les Princes , & leur dureté pousse le Peuple à se révolter contre eux.

Tout bien considéré , il paroît que la Monarchie doit être préferée au Gouvernement Mixte. Les autres formes de Gouvernement font exposées aux mêmes inconveniens qu'elle. Mais elle a des avantages que les autres n'ont pas. L'unité,

L'unité, l'expedition, & l'équilibre entre les Nobles & le Peuple,
font des avantages propres à la
Monarchie feule : mais la tyrannie, les paffions, & l'abus de l'autorité fuprême, font des malheurs
communs à tous les Gouvernemens. Tandis que l'humanité fera
foible, imparfaite, & corrompuë,
toutes fortes de Gouvernemens
porteront toujours au-dedans d'eux-
mêmes les femences d'une corruption inévitable, & de leur propre
chûte & ruine.

Je fuis donc bien éloigné de
croire qu'il y ait aucun établiffement humain qui n'ait point fes inconveniens, ou qu'il foit poffible
de remedier aux maux inévitables
du grand Corps politique par aucune forme de Gouvernement particuliere. L'abus de l'autorité fouveraine en quelques mains qu'elle
foit, entraînera tôt ou tard la ruine
de toute forte de Gouvernemens,
dont la forme eft même la meil-

S 2   leure.

seure. Les beaux plans servent à
amuser les speculatifs dans leurs
Cabinets. Mais dans la pratique
nous voyons que la plus petite bé-
vûë cause le renversement des
plus grands Empires. C'est ici où le
grand Corps politique ressemble au
corps humain. Une fiévre, un rhu-
me, le moindre petit accident emporte le corps le plus robuste, & le
mieux fait, aussi-bien que le plus
foible & le plus difforme. C'est même une experience connuë dans la
Medecine, que les personnes vi-
goureuses sont plus sujettes aux
maladies subites & violentes, que
les personnes plus languissantes.

D'un côté, les meilleures formes
de Gouvernement peuvent dége-
nerer par la corruption & les passions des hommes. D'un autre côté,
les Gouvernemens qui paroissent
les moins parfaits peuvent convenir à certaines Nations. Il est peut-
être impossible de décider qu'elle
est la meilleure forme de Gouvernement,

nement, ou s'il y en a une qui convienne generalement à tous les
Païs. Les differens génies des Peuples souvent oppofez & contraires,
femblent rendre la difference des
formes oppofées, neceffaire & convenable. Il entre dans cette quef-
tion une fi grande multiplicité de
rapports qui varient fi fouvent, que
l'efprit humain ne peut pas les em-
braffer tous pour en porter un jugement ferme & décifif.

Les abus & les inconveniens
aufquels toutes les differentes formes de gouvernement font expofées, doivent convaincre les hommes, que le remede aux maux du
grand Corps Politique, ne fe trouvera point en changeant & en bou-
leverfant les formes déja établies
pour en établir d'autres, qui dans
la Theorie peuvent paroître plus
parfaites ; mais qui dans la pratique ont toujours des inconveniens
inévitables. Les hommes ne trou-
veront jamais leur bonheur dans
les

les établissemens exterieurs, ni dans les beaux reglemens que l'Esprit humain peut inventer : mais dans ces principes de vertu qui nous font trouver au-dedans de nous des ressources contre tous les maux de la vie, & qui nous font supporter pour l'amour de l'ordre & la Paix de la societé, tous les abus ausquels les meilleurs Gouvernemens sont exposez.

CHAPITRE XVI.

Du Gouvernement purement Populaire.

LEs Amateurs de l'indépendance voyant que toutes les formes de Gouvernement sont exposées à des inconveniens inévitables, prétendent que l'Autorité souveraine ne doit jamais être confiée à aucun Homme, ni à aucune societé d'Hommes d'une maniere permanente.

» Cette

,, Cette ſtabilité de puiſſance ,
,, *diſent-ils*, fait que les Souverains
,, ſe l'attribuent comme un droit,
,, & par là deviennent Tyrans. Le
,, ſeul moyen de les retenir eſt de
,, leur faire ſentir que les Souve-
,, rains de tous les Pays, ne ſont
,, que les Executeurs des Loix, que
,, l'Autorité ſuprême réſide origi-
,, nairement dans le Peuple, &
,, qu'il eſt toujours en droit de ju-
,, ger, de dépoſer, & de punir les
,, Magiſtrats ſuprêmes, quand ils
,, violent ces Loix. Le deſſein de
,, la premiere création, & inſtitu-
,, tion des Souverains n'a été que
,, pour conſerver l'ordre & la Paix
,, de la Société. Ils n'ont été choi-
,, ſis que par le conſentement du
,, plus grand nombre. Ceux qui
,, donnent l'Autorité peuvent tou-
,, jours le reprendre. Le Contrat
,, originaire du Peuple avec les
,, Princes a pour condition eſſen-
,, tielle que les Souverains ſeront
,, les Peres du Peuple, & les Con-
,, ſervateurs

,, servateurs des Loix. Un seul
,, Homme, ou un petit nombre
,, d'Hommes peuvent se tromper
,, & se laisser entraîner par leurs
,, passions. Mais la voix universelle
,, de la multitude est la voix de la
,, pure nature, c'est le sens com-
,, mun, & la droite raison éloignée
,, de subtilitez artificieuses. Cha-
,, que Particulier pris séparémrnt
,, à ses erreurs & ses passions; mais
,, le tout pris ensemble, fait un mê-
,, lange de qualitez contraires qui
,, se corrigent & se moderent ré-
,, ciproquement, comme les in-
,, grediens d'une certaine mede-
,, cine dont chacun est un poison;
,, mais la composition de tous fait
,, un excellent remede.

N'est-ce pas méconnoître l'humanité que de raisonner ainsi ? Au
lieu des idées claires, on nous re-
paît de fictions poëtiques. Nous
avons déja démontré, 1º. Qu'il
n'y a jamais eu un Etat de pure
nature, où tous fussent indépendans,

dans, égaux, & libres pour faire
ce Contrat imaginaire (*a*), 2°. Que
l'Autorité souveraine ne dérive pas
du Peuple (*b*), 3°. Supposé qu'elle
en dérivât, cependant le Peuple
ayant une fois résigné son droit
naturel, ne peut plus le reprendre.

Mais indépendamment de tout
cela. Il est faux, 1°. Que le plus
grand nombre ait un droit inherent & naturel de faire des Loix,
& de juger en dernier ressort.

Le droit naturel est fondé sur la
Loi naturelle. La source de la Loi
naturelle est la souveraine raison,
& la parfaite Justice. Or, la multitude ne possede point ces qualitez en tant qu'elle est le plus grand
nombre. Il y a peu d'Hommes qui
consultent la raison avec attention,
& qui la suivent malgré leurs interêts & leurs passions. Le plus

[*a*] Pag. 27. & 48.
(*b*) Pag. 46.
(*c*) Pag. 78.

T   grand

grand nombre a toujours été le
plus ignorant, & le plus corrompu.

Si dans les Assemblées civiles,
on se soumet à la décision de la pluralité ; ce n'est pas parce qu'elle
juge toujours selon la parfaite raison & justice : mais parce que sa
décision est un moyen fixe & palpable pour terminer les disputes.

Si l'on dit que les Peres de la Patrie, les Chefs des anciennes Familles, les Membres héréditaires ou
électifs d'un Sénat, sont les Législateurs naturels dans tous les
lieux, & dans tous les tems, on
contredit ses propres principes. On
établit une inégalité naturelle parmi les Hommes. On donne un droit
inherent à un petit nombre, à l'exclusion de la multitude ; car les Nobles & les Gens choisis pour être
les représentatifs de l'Etat n'en sont
que la moindre partie. Les Patriciens de tous les Pays sont souvent
des Gens peu instruits, foibles,
sujets aux mêmes passions que les

autres

autres Hommes. Les Membres
électifs font fouvent choifis par
brigues, & corrompus par pro-
meffes. Ainfi la raifon n'eft pas plus
probablement de leur côté, que
du côté de ceux qui ne font pas
choifis. Ils n'ont, par confequent,
aucun droit naturel & inherent de
décider fouverainement. Ils n'ont
qu'un droit civil fondé fur la néceffité qu'il y ait quelque Juge fuprême qui finiffe les diffentions,
& qui conferve par là l'ordre &
la Paix de la Societé.

C'eft là le fondement (*a*) de
tout droit civil, de toute Autorité
& de toute proprieté légitime. Ce
n'eft ni la raifon abfoluë, ni la
parfaite juftice, ni le mérite perfonnel : mais la Paix generale de
la Societé, qui eft la regle des
Loix civiles.

2°. Il eft faux, qu'on fuive jamais dans les délibérations publi-

[*a*] Pag. 65.

ques & populaires , le sentiment
naturel du plus grand nombre.
Deux ou trois Hommes gouvernent la multitude. Les factions &
les cabales prédominent. Les promesses, les menaces, ou la fausse
éloquence de quelques Chefs hardis remuent tout le Peuple.

Qu'on lise l'Histoire de la République Romaine , où le Gouvernement populaire a prévalu,
on verra que ce n'est jamais le
Peuple qui parle ; c'est presque
toujours quelque Tribun ambitieux qui fait parler la multitude,
& qui abuse de la crédulité. Les
Partisans de l'Autorité populaire
ne le font que parce qu'ils espe-
rent gouverner le Peuple à leur
gré.

On s'éblouit par les belles idées,
parce qu'on n'envisage qu'un côté
de la verité, sans en regarder toutes les faces.

Il est vrai que le *bien public* doit
être la regle immuable de toutes
les

les Loix, que les Souverains doi-
-vent être les Conservateurs de ces
Loix & les Peres du Peuple. Lorf-
qu'ils agissent autrement, ils renversent le dessein de leur institution, ils violent tous les droits de
l'humanité, ils deviennent Tyrans:
mais ils ne peuvent être punis que
par Dieu seul. Ce n'est pas qu'ils
ne soient coupables, & qu'ils ne
méritent une punition plus severe
que les autres Hommes : mais c'est
que l'ordre & la Paix de la Societé demandent non-seulement qu'il
y ait de bonnes Loix : mais qu'il
y ait une Puissance suprême, fixe,
& visible, qui fasse ces Loix, qui
les interprete, qui les execute,
qui juge en dernier ressort, & contre laquelle il n'est point permis
de se révolter sans perdre tout point
fixe dans la politique, & sans exposer tous les Gouvernemens aux
révolutions perpetuelles, & aux caprices bizarres de la multitude
aveugle & inconstante.

T 3   Tel

Tel est le triste état de l'humanité : il faut qu'il y ait une Autorité suprême qui fasse, qui interprette, qui execute les Loix. Les Législateurs, les Interpretes, & des Executeurs de ces Loix sont des Hommes foibles, imparfaits, & sujets à mille passions. Ils manqueront comme ceux qui obéissent, ils se tromperont, ils seront injustes : mais il n'y a point de remede. Il faut obéïr & souffrir, puisqu'entre deux maux inévitables, on doit en choisir le moindre. Or, vaut-il mieux se soumettre à une force fixe & permanente, ou s'abandonner aux révolutions perpetuelles de l'Anarchie ? Faut-il se ranger sous un Gouvernement reglé où l'on fait trouver quelquefois de bons Maîtres, & où les méchans Princes ont toujours un interêt puissant de menager leurs Sujets. Où faut-il se livrer aux fureurs de la multitude pour devenir à tout moment le joüet du caprice,

caprice, de l'inconſtance, & de
l'aveugle paſſion de tous ceux qui
n'ont aucun principe d'union que
l'amour de l'indépendance, & qui
peuvent ſe diviſer & ſe ſubdiviſer à
l'infini, comme les vagues de la
mer, qui ſe briſent ſucceſſivement.
Il n'y a certainement aucun choix
à faire entre ces deux extrêmitez.

CHAPITRE XVII.

Du Gouvernement où les Loix ſeules préſident.

PLuſieurs Philoſophes croyent
que le ſeul moyen d'éviter les
abus de l'autorité ſuprême, eſt
que chaque peuple ait des Loix
écrites, toujours conſtantes & ſa-
crées, & que ceux qui gouvernent
n'ayent d'autorité que par elles,
& autant qu'ils les executent. Voilà, diſent ces Philoſophes, ce que
les hommes établiroient unanime-
ment pour leur felicité, s'ils n'é-

 toient

toient pas aveugles, & ennemis
d'eux-mêmes.

Oüi sans doute, mais voilà ce
que les hommes n'établiront jamais, parce qu'ils sont & seront
toujours aveugles, & ennemis
d'eux-mêmes. Pour faire réuſſir
ce plan, il faudroit changer la nature des hommes, & les rendre
tous Philoſophes.

Dans l'état preſent de l'humanité toutes les Loix écrites devien-
droient inutiles, s'il n'y avoit pas
quelque Puiſſance ſupérieure & vivante pour les interpreter, & les
faire executer. En voici les raiſons.

1. Toute Loi écrite eſt ſujette
aux équivoques. Les Loix les plus
ſimples & les plus courtes, qui pa-
roiſſent claires dans la Théorie gé-
nérale, deviennent obſcures dans
l'explication particuliere. Les pré-
miers Legiſlateurs croyoient ſatis-
faire à tous les beſoins de la ſocieté
par leurs Loix primitives; mais
dans la ſuite, il a fallu accommoder

der les Loix générales à une infi-
nité de circonftances particulieres
qu'on ne prévoyoit pas d'abord.
De-là eft venuë la multiplicité des
Loix , & tous les rafinemens du
Droit Civil. Vice effentiel dans un
Etat , mais inevitable, pour préve-
nir l'artifice des fourbes.

L'efprit humain eft fertile en dé-
tours , en fubtilitez , en fubterfu-
ges. Il répand l'obfcurité fur les
veritez les plus claires quand elles
combattent fes paflions , fes préjugez & fes interêts. Il s'envelop-
pe de nuages pour fe dérober à la
lumiere qui l'importune. Que faire dans cet Etat ? Qui eft-ce qui
fera l'interprete des Loix ainfi obf-
curcies & alterées ?

S'il n'y a point un Juge fuprême qui parle , chacun viendra le
Livre des Loix à la main, difputer
de fon fens. Chacun voudra décider & s'ériger en Legiflateur.
Les plus fenfez & les plus raifonnables font le plus petit nombre.

On

On n'écoutera plus les Loix. La force seule décidera de tout. L'on tombera dans l'Anarchie la plus affreuse, où chacun appellera raison son opinion.

2. Les Loix Civiles ne sont pas d'une nature immuable & univerfelle. Ce qui paroît jufte & convenable dans un tems, ne l'eft plus dans un autre. Il n'y a aucune regle faite par l'homme, qui n'ait fes exceptions, parce que l'efprit humain ne peut pas prévoir toutes les circonftances qui rendent les meilleures Loix plus ou moins utiles, felon les differens tems & lieux. C'eft pour cela que le changement des Loix anciennes, quand il fe fait par la Puiffance fouveraine d'un Etat, & non felon le caprice du peuple, eft quelquefois néceffaire & avantageux.

Il faut donc qu'il y ait une autorité fuprême qui juge quand il faut changer les Loix, les étendre, les borner, les modifier &
les

les accommoder à toutes les situa-
tions differentes où les hommes se
trouvent. Car si le peuple en est
le Juge, le plus grand nombre
l'emportera, la force seule domi-
nera: nous voilà replongez dans
l'Anarchie.

3. La vûë claire de la verité,
la connoissance des meilleures Loix,
n'est pas suffisante pour les faire
executer. Le pur amour de la vertu, le plaisir délicat qu'elle donne est un ressort trop - intellectuel
pour la plûpart des hommes, il
faut les remuer par des motifs plus
grossiers, par des punitions & des re-
compenses, par des ménaces & des
promesses. Il faut donc, outre la
Lettre morte de la Loi, une autorité fixe & vivante, qui fasse faire
aux hommes par *force*, ce qu'ils ne
feroient pas par *raison*.

CONCLVSIONS.

ON peut reduire ce que nous avons avancé dans cet Essai, à ces principes simples, que nous offrons à l'examen sérieux de nos Antagonistes équitables.

1. Le Gouvernement Civil n'est pas un Contrat libre. Les passions des hommes le rendent absolument nécessaire, & l'ordre de la génération nous y soumet tous antecedamment à tout Contrat.

2. Dans tout Gouvernement il faut qu'il y ait une Puissance souveraine qui fasse des Loix, & qui en punisse le violement par la mort. Cette Puissance suprême dérive immediatement de Dieu, qui a seul le droit comme *Souverain Etre*, & comme *Suprême Raison* de regler sa créature, & d'en punir les déreglemens. L'élection, la succession, la Conquête juste & tous les autres moyens de parvenir à la *Souveraineté*,

veraineté , ne font que les canaux par où elle coule., & nullement la fource d'où elle découle. Ce ne font que des Loix Civiles pour regler la diftribution d'un droit qui appartient originairement au *Souverain Etre*.

3.. Les formes de Gouvernement font arbitraires : mais quand l'Autorité fuprême eft une fois fixée dans un feul ou dans plufieurs d'une maniere *Monarchique*, *Ariftocratique*, *Populaire* ou *Mixe* , il n'eft plus permis de fe revolter contre fes décifions. Puifqu'on ne peut pas multiplier les Puiffances à l'infini, il faut néceffairement s'arrêter à quelque Autorité fupérieure à toutes les autres, qui juge en dernier reffort, & qui ne peut pas être jugée elle-même.

4. De-là , il fuit que la *Puiffance Souveraine*, n'eft point vague & indéterminée : Mais une Autorité, fixe, vivante & vifible, qu'on peut reconnoître dans tous les tems & lieux,

lieux, & à qui tous peuvent avoir recours, comme à la source de l'unité politique, & de l'ordre civil. Croire par conséquent qu'elle reside originairement dans le peuple, & qu'elle appartient toujours au plus grand nombre, est un principe qui tend à l'anéantissement de toute societé. Deux ou trois Chefs hardis peuvent en tout tems assembler le peuple dans un assez grand nombre, pour s'appeller la majeure partie de l'Etat, pour tout entreprendre, & pour tout executer par la pluralité & la force, sans ordre, sans regle & sans justice.

5. Le *bien public* doit être la Loi immuable & universelle de tous les Souverains, & la regle de toutes les Loix qu'ils font. Quand ils violent cette grande Loi, ils renversent le dessein de leur institution, & agissent contre toutes sortes de droits; mais ils ne sont comptables qu'à Dieu seul de l'abus de leur autorité.   S'il

S'il étoit permis à cháque Particulier, ou au Peuple en général de décider quand les Souverains ont paffé les bornes de leur pouvoir, de les juger & de les dépofer, il n'y auroît plus de Gouvernement fixe fur Terre.

Les Efprits ambitieux, rebelles & artificieux, trouveroient toujours les plus fpécieux prétextes pour féduire le Peuple, & le revolter contre fes Souverains.

6. Tandis que l'homme fera gouverné par l'homme, toutes les formes de Gouvernement feront imparfaites & expofées aux mêmes abus de l'Autorité fouveraine: mais la Monarchie paroît la meilleure de toutes ces formes ; car quoiqu'elle ait les mêmes inconveniens que les autres, elle a pourtant des avantages que les autres n'ont pas.

CHAPITRE

CHAPITRE XVIII.

Des idées que l'Ecriture Sainte nous donne de la politique.

COmme l'on parle toujours dans cet Essai, en Philosophe qui ne suppose aucune Religion revelée, on a cru devoir montrer la conformité de nos principes avec les lumieres des Saintes Ecritues, pour satisfaire à la pieté de ceux qui sont capables de consulter ces Oracles sacrez avec veneration & docilité.

Ces Livres divins nous representent le Genre humain comme une grande Famille, dont Dieu est le Pere commun. Tous les hommes sont créez à son Image & ressemblance ; tous sont capables de la même perfection; tous sont destinez pour le même bonheur. Nous sommes donc tous liez les uns avec les autres par notre rapport au

Pere

Pere commun des esprits, & obligez de nous aimer, de nous secourir, de chercher mutuellement notre bien commun, comme freres,
comme enfans, comme images
d'un même Pere. *Aimer Dieu pour
lui même, & les hommes pour Dieu,*
est l'essentiel de la Loi de Moïse,
& de celle de notre grand Legisla-
teur JESUS-CHRIST.

Nous sommes freres, non seulement parce que nos Esprits sor-
tent tous d'une même origine,
mais encore parce que nos Corps
sont descendus de la même tige.
Dieu a fait sortir tous les hommes
qui doivent couvrir la face de la
terre d'un seul. C'est-là l'image de
la paternité de Dieu. Ce qui se
fait dans l'ordre des intelligences
est vivement representé par ce qui
se fait dans l'ordre des Corps. Tous
viennent d'une même origine.
Tous sont membres d'une même
famille : Tous sont enfans d'un même pere. Il n'est pas permis à

V l'homme

l'homme de se regarder comme indépendant & détaché des autres. Il ne peut pas se faire la fin & le centre de son amour, sans renverser la Loi de sa création, de sa filiation, de sa fraternité. Il doit se rapporter tout entier à la grande famille, & non pas rapporter la famille entiere à lui-même.

Si les hommes avoient suivi cette grande Loi de la charité, on n'auroit pas eu besoin de Loix positives ni de Magistrats. Tous les biens de la terre auroient été communs. Dieu dit à tous les hommes: *Croissez, multipliez & remplissez la terre.* Il leur donne à tous indistinctement toutes les herbes & & tous les bois qui y croissent.

Selon ce droit primitif de la nature, nul n'a droit particulier sur quoi que ce soit, qu'autant qu'il est nécessaire pour sa subsistance. Mais le premier homme s'étant sé-

Gen. 1. 18.

paré

paré de Dieu, sema la division dans
la famille. Il quitta la Loi de la
raison, s'abandonna à ses passions,
& son amour propre le rendit
insociable. Il n'est plus occupé que
de lui-même, & ne songe aux autres que pour son interêt propre.
Le langage de Caïn se répand par
tout. *Est-ce à moi de garder mon Frere?* La Philantropie se perd, tout est
en proye au plus fort.

Il semble que Dieu ait affecté
de conserver parmi les hommes
l'unité de leur origine pour les engager à l'amour fraternel ; car s'é-
tant réduits par leurs passions à cet
état dénaturé, où chacun veut être
indépendant, Dieu détruisit tous
les hommes, excepté Noë & sa famille, afin qu'une seconde fois ils
pussent se regarder comme les enfans d'un même Pere. La famille
de Noë divisée en trois branches
s'est encore subdivisée en des Nations innombrables. *De celles-là,*
dit Moïse, *sont sorties les Nations,*

V 2   cha-

chacune selon sa contrée & sa langue.
C'est ainsi, selon le témoignage de
l'Histoire sacrée, que les societez
civiles se sont formées d'abord par
la multiplication d'un tronc en
plusieurs branches, & non pas par
la réunion de plusieurs membres
indépendans & libres.

La premiere idée du commandement vient sans doute de l'autorité paternelle. Je ne dis pas qu'elle
en soit la *source*, mais seulement le
premier canal par où il a *decoulé*.
Les premiers hommes vivoient à la
Campagne dans la simplicité, ayant
pour Loi la volonté de leurs parens:
Telle fut encore après le Déluge
la conduite de plusieurs familles,
sur tout parmi les enfans de Sem,
où se conservérent plus longtems
les anciennes Traditions sur la Religion, & sur la maniere du Gouvernement. Ainsi Abraham, Isaac,
& Jacob, persistérent dans l'observance d'une vie simple & pastora-
le; ils étoient avec leurs familles
libres

libres & indépendans. Ils traitoient
d'égal avec les Rois. Ils faifoient
la guerre de leur chef, & exer-
çoient toutes les autres parties de
la Souveraineté. Ce n'eft pas que
je veuille nier qu'il n'y ait eû de
tres-bonne heure d'autres fortes de
Gouvernemens que l'Empire paternel. Plufieurs ont pû violer les
Loix de la fraternité, & s'uniffant
enfemble, bâtir des Villes, faire
des conquêtes, & établir des formes de Gouvernement differentes.

Mais quelle que fut la maniere
dont elles s'établirent, l'Ecriture
Sainte nous éleve fans ceffe à la
Divinité même, pour y chercher
la véritable fource de la Souveraineté. Ces Oracles facrez nous en-
feignent que la Puiffance fuprême
n'émane que de Dieu feul. Toutes
les voyes par lefquelles les Hommes y parviennent, foit par le droit
paternel, le droit héréditaire, le
droit d'élection, ou le droit de
conquête, ne font que les caufes

occa-

occasionnelles comme parle la Philosophie moderne. C'est Dieu seul qui dépose l'un, & éleve l'autre. C'est lui qui par sa Providence souveraine & universelle influë sur tous les conseils des Hommes, fait avorter ou réussir leurs entreprises, selon ses desseins éternels, sages, & équitables.

C'est pour cela que ces Livres divins nous représentent toujours le Monde entier comme un Royaume gouverné par Dieu seul, qui donne aux Nations des Maîtres bons ou mauvais pour être les Ministres de sa justice ou de sa misericorde. ,, Dieu donne, *dit l'Ecclesiastique (a)*, à chaque Peuple ,, son Gouverneur, & Israël lui ,, est manifestement réservé.

Les Rois sont appellez par tout les Oints du Seigneur, non-seulement les Rois des Israëlites qu'il faisoit oindre comme ses Pontifes:

[a] Eccl. 17. 14. 15.

mais

mais des Payens même. Voici ce
que dit le Seigneur à Cyrus (a) :
,, mon Oint, que j'ai pris par la
,, main pour lui affujettir tous les
,, Peuples. Ecoutez ! ô Rois, *dit*
,, *l'Auteur du Livre de la Sageffe* ,
,, comprenez , apprenez Juges de
,, la terre, prêtez l'oreille ! ô vous
,, qui tenez le Peuple fous votre
,, Empire ; c'eft Dieu qui vous a
,, donné la Puiffance , votre auto-
,, torité vient du Très-Haut, qui
,, interrogera vos œuvres , & pé-
,, nétrera le fond de vos penfées ,
,, parce qu'étant les Miniftres de
,, fon Royaume , vous n'avez pas
,, bien jugé.

Saint Paul nous enfeigne
la même Doctrine. ,, Que toute
,, ame, *dit-il* , foit foumife aux
,, Puiffances fuperieures ; car il n'y
,, a point de Puiffance qui ne foit
,, de Dieu, & toutes celles qui font,
,, c'eft Dieu qui les a établies ;

[a] Ifaïe. c. 45.

ainfi

,, ainsi celui qui résiste à la Puis-
,, sance, résiste à l'ordre de Dieu.
,, Le Prince est le Ministre de
,, Dieu, & son Lieutenant sur la
,, Terre à qui est donné le glaive.

Les Partisans d'un Roi de Providence croyent que ce texte de
saint Paul favorise leur sentiment.
(a) *Toutes les Puissances qui sont, c'est
Dieu qui les a établies*; Donc, disent-
ils, un Roi de fait est Roi de droit.
Mais y a-t'il rien de plus outré que
de faire faire à l'Apôtre une re-
dite absolument superfluë pour en-
seigner aux Hommes que Dieu approuve les injustices les plus énormes. L'Apôtre a déja dit qu'il n'y
a point de Puissance qui ne soit de
Dieu. Le reste est une répétition
inutile, si les paroles qui suivent
n'ont point d'autre signification.
Nous avons déja démontré que le
droit de proprieté & le droit de
Souveraineté sont fondez sur les

____

[a] Rom. 13. 1. 2.

mêmes

mêmes principes ? Si la poſſeſſion injuſte donne le droit à l'un, elle le donne à l'autre. Voilà le chemin ouvert à toute ſorte de vols, & de violences. Peut-on ſoutenir une ſemblable explication ? Le vrai ſens de ces paroles ne peut être que celui-ci. Obéïſſez aux Puiſſances ſupérieures, parce que leur Autorité dérive de Dieu. Obéïſſez auſſi aux Empereurs Romains qui gouvernent actuellement; car leur Autorité eſt légitime.

Afin que les amateurs de l'indépendance ne diſent pas que c'eſt la ſeule crainte qui eſt le fondement de la ſoumiſſion aux Puiſſances civiles, l'Apôtre ajoute, (*a*) ,, il eſt donc néceſſaire que ,, vous ſoyez ſoumis au Prince, ,, non-ſeulement par la crainte de ,, ſa colere, mais encore par l'o,, bligation de votre conſcience. ,, *Et dans un autre endroit* (*b*), il

[*a*] 1. Ibid. 16. 5.　　　[*b*] Eph. 65. 6.

X　　　　faut

,, faut le servir non à l'œil pour
,, plaire aux Hommes : mais avec
,, bonne volonté , avec crainte ,
,, avec respect , & d'un cœur sin-
,, cere comme à Jesus-Christ.

(a) Un autre Apôtre confirme
la même Doctrine ,, soyez donc
,, soumis pour l'amour de Dieu à
,, l'ordre qui est établi parmi les
,, Hommes ; soyez soumis au Roi
,, comme à celui qui a la Puissance
,, suprême , & à ceux à qui il don-
,, ne son Autorité.

Les mêmes Oracles sacrez nous
apprennent que les Souverains ne
font responsables qu'à Dieu seul
de l'abus de leur Autorité.

Quand le Peuple d'Israël demande un Roi comme les autres Nations , Samuël leur déclare quelle
sera l'étenduë de sa Puissance sans
pouvoir être restrainte par aucun
autre pouvoir superieur sur Terre,
,, (b) Voici le droit du Roi qui

____

(a) 1. Pet. 2. 13.   (b) 1. Reg. 8. 1.
                          ,, regnera

„ regnera sur vous, *dit le Seigneur.*
„ Il prendra vos enfans & les met-
„ tra à son service, il se saisira
„ de vos Terres, & de ce que vous
„ aurez de meilleur pour le don-
„ ner à ses serviteurs, &c. Est-ce
que les Rois auront droit de faire
tout cela licitement ? A Dieu ne
plaise. Dieu ne donne jamais le
pouvoir de faire le mal, & de violer la Loi naturelle. Mais tels sont
les inconveniens de la Royauté, il
faut que le Peuple les subisse. Dieu
annonce ici ce que les Rois feront,
sans pouvoir être punis par la justice humaine. Saül avoit violé ce que
les Républicains appellent *Contrat*
originaire entre le Peuple & le
Prince. Il cherchoit sans raison à
détruire un innocent à qui Dieu
avoit donné même la Royauté.
Voyez cependant le respect sacré
que David témoigne pour la personne de Saül, quand ses Gens le
pressent de s'en défaire. » Dieu soit
„ à mon secours, *dit-il,* qu'il ne
X 2　　m'arrive

,, m'arrive pas de mettre ma main
,, sur mon Maître, l'Oint du Sei-
,, gneur. Son cœur fut même saisi
parce qu'il avoit coupé le bord du
manteau de Saül.

,, Obéïssez à vos Maîtres, *dit*
,, *l'Apôtre*, non-seulement à ceux
,, qui sont bons & moderez, mais
,, encore à ceux qui sont fâcheux
,, & injustes. Il est vrai que les
Rois ne sont que des Hommes foibles, & quelquefois méprisables
par leurs qualitez personnelles,
mais leur caractere est auguste,
sacré & inviolable. Ce ne sont que
des Statuës, des Images, des Hieroglyphes : mais des Hieroglyphes,
de la Majesté Souveraine qui sont
respectables à cause de celui qu'ils
représentent. C'est lui qui donne
à chaque Statuë sa place, & qui
les arrange les unes au-dessus des
autres selon differens degrez. Il se
réserve à lui seul le droit de briser
dans sa fureur la Statuë suprême,
quand elle ne répond point à ses

desseins

deſſeins adorables. Telle eſt la Doctrine de l'Ecriture Sainte ſur la Royauté. Voyons-en la pratique.

» (a) Parmi le Peuple Hebreu
» qui a eu tant de Rois qui ont fou-
» lé aux pieds les Loix humaines &
» divines, il ne s'eſt jamais trouvé
» de Magiſtrat inferieur qui ſe ſoit
» attribué le droit de réſiſter & de
» prendre les armes contre leurRoi,
» à moins que quelques-uns d'eux
» n'en euſſent reçû un ordre ex-
» près de Dieu, qui a un droit
» ſouverain ſur les têtes Couron-
» nées.

C'eſt cette inſpiration extraordi-
naire qui juſtifie la conduite des Maccabées ; car autrement ç'au-roit été une révolte formelle. Mais on ne doit pas imiter un tel exem-ple , à moins qu'on ne diſe que le vol eſt permis, parce que Dieu dé-fendit aux Iſraëlites de rendre ce qu'ils avoient emprunté des Egyp-tiens.

[a] *Grot. lib.* 1. *ch.* 4.

X 3   De

(*a*) De plus, l'accomplissement de l'ancienne Alliance étoit attaché à la Terre de Canaan, au sang d'Abraham & à ses enfans selon la la chair. Consentir à la perte totale de la race d'Aaron étoit renoncer à l'accomplissement des promesses, à l'Alliance, & au Sacerdoce. Le parti que prirent les Maccabées étoit donc une nécessité absoluë, & une suite indispensable des promesses, & néanmoins ils ne sont venus à ce fatal remede qu'une seule fois, & après une déclaration manifeste de la volonté de Dieu.

David se défend de l'oppression ; mais c'est en fuyant ; sans mettre le trouble dans la Patrie, & sans violer le respect dû à la personne de son Roi quand il l'a entre ses mains.

Roboam traita durement le Peuple, mais la révolte de Jeroboam

____

[a] M. de Meaux *Avert.* 5. contre Jurieu.

&

& des dix Tribus quoique permife
pour la punition des péchez de Sa-
lomon, eft déteftée dans toute l'E-
criture, qui déclare (*a*) „ que les
„ Tribus en fe révoltant contre la
„ maifon de David s'étoient révol-
„ tez contre Dieu, qui regnoit en
„ elle.

Tous les Prophetes qui ont vê-
cu fous les méchans Rois: Elie &
Elizée fous Achab & fous Jefabel.
Ifaïe fous Achas & fous Manaffez.
Jeremie fous Joachim, fous Jeco-
nias & fous Sedecias, n'ont jamais
manqué à l'obéïffance, ni infpiré
la revolte, mais toujours la fou-
miffion & le refpect. Selon le terme précis de la Loi, les Idolâtres,
ou ceux qui forçoient le peuple à
l'Idolatrie devoient être punis de
mort; cependant, comme remarque fort bien (*b*) un fçavant Pré-
„ lat: Ni les grands, ni les petits,
„ ni tout le peuple, ni les Pro-

[a] 2. *Paral* 13. 5 6.
[b] Mr. de Meaux. *Avert.* 5. Contre Jurieu.

 phetes

,, phetes qui parloient si puissam-
,, ment aux Rois les plus redouta-
,, bles, ne leur reprochoient ja-
,, mais la peine de mort qu'ils
,, avoient encouruë selon la Loi.
,, Pourquoi ? Si ce n'est qu'on en-
,, tendoit qu'il y avoit dans toutes
,, les Loix, selon ce qu'elles avoient
,, de penal, une tacite exception
,, en faveur des Rois, qu'on croyoit
,, n'être responsables qu'à Dieu seul
,, de l'abus de leur autorité ?

Nabucodonosor étoit impie, jusqu'à vouloir s'égaler à Dieu, & jusqu'à faire mourir ceux qui lui refusoient un culte sacrilege, néanmoins Daniel lui parla ainsi : *Vous êtes le Roi des Rois, & le Dieu du Ciel vous a donné le Royaume, & la puissance, & l'Empire, & la gloire.*

Cette Doctrine est continuée dans la Religion Chrétienne. C'é-toit sous Tibere, non seulement infidele, mais encore méchant, que notre Seigneur dit aux Juifs :
Rendez

Rendez à Céfar ce qui eſt à Céfar.

Saint Paul fait prier pour les Empereurs, quoique l'Empereur qui regnoit alors fut Neron, un vrai monſtre de l'humanité, le plus impie de tous les hommes.

Les premiers Chrétiens ſuïvoient cette Doctrine Apoſtolique. Ter-
„ tullien dit : (a) Nous regardons
„ dans les Empereurs le choix &
„ le Jugement de Dieu, qui leur
„ a donné le commandement ſur
„ tout le peuple. Nous reſpectons
„ ce que Dieu y a mis. Que di-
„ rai-je davantage de notre pieté
„ pour l'Empereur, que nous de-
„ vons reſpecter, comme celui que
„ notre Dieu a choiſi ? Il appelle le reſpect dû aux Rois, *la Religion de la ſeconde Majeſté*, inſinuant que l'Autorité Royale eſt un écoule-lement de l'Autorité Divine. Dans la même Apologie, il dit : (b) Ou-
„ tre les ordres publics, par leſ-

(a) *Tert. Apol.*
(b) *Tertull. Apol.*

quels

„ quels nous sommes pourſuivis,
„ combien de fois le peuple nous
„ attaque-t'il à coups de pierres,
„ & met-il le feu dans nos mai-
„ ſons, dans la fureur des Bacca-
„ nales ? Et cependant quelle ven-
„ geance, recevez-vous de gens
„ ſi cruellement traitez ? Ne pour-
„ rions-nous pas avec un peu de
„ flambeaux mettre le feu dans la
„ Ville, ſi parmi nous il étoit per-
„ mis de faire le mal pour le mal ?
„ Quand nous voudrions agir en
„ ennemis déclarez, manquerions-
„ nous de troupes & d'armées ?
„ Les Marcomans & les Parthes
„ même ſe trouveront-ils en plus
„ grand nombre que nous, qui
„ rempliſſons toute la terre ? Il n'y
„ a que peu de tems que nous pa-
„ roiſſons dans le monde, & déja
„ nous rempliſſons vos Villes, vos
„ Iſles, vos Châteaux, vos Camps,
„ vos Aſſemblées, les Tribus, les
„ Décuries, le Palais, le Senat, le
„ Barreau, la Place publique.
Nous

,, Nous ne vous laiſſons que les
,, Temples ſeuls. A quelle guerre
» ne ſerions - nous pas préparez,
» quand nous ferions d'un nombre
» inégal au vôtre, nous qui endu-
» rons ſi réſolument la mort, ſi ce
» n'étoit que notre Doctrine nous
» preſcrit plutôt de ſouffrir la mort,
» que de la donner ?

(*a*) Saint Auguſtin confirme la
même Doctrine par l'exemple des
anciens Chrétiens. » Alors la Cité
» de Dieu, *dit-il*, quoiqu'elle fût
» répanduë par toute la terre, &
» qu'elle eût un ſi grand nombre
» de peuples à oppoſer à ſes perſe-
» cuteurs inéxorables, n'a jamais
» pourtant combattu pour le ſalut
» temporel, ou plûtôt elle n'a ja-
» mais reſiſté, afin d'acquerir le
» ſalut éternel. On les lioit, on les
» enfermoit, on les mettoit à la
» torture, on les brûloit, on les
» déchiroit, on les égorgeoit, &

[*a*] *De Civit. Dei. Lib.* 22.

tout

» tout cela enfemble ne fervoit qu'à
» en augmenter le nombre. Ils ne
» fe mettoient point en devoir de
» combattre , pour défendre leur
» vie , mais ils la méprifoient pour
» fe fauver.

Mais l'exemple le plus célébre
de la patience & de la *non - refif-
tance* des premiers Chrétiens , eft
celui de la Legion Thébaine. Elle
étoit de 6666 Soldats tous Chrétiens. Comme l'Empereur Maxi-
mien ordonna à l'Armée près de
Martigni en Savoye , de facrifier
aux faux Dieux ; Les Soldats
Chrétiens prirent d'abord le chemin d'Agaune en Suiffe. L'Empereur y envoya un ordre exprès ,
pour les faire venir facrifier. Ils re-
fuférent d'obéir , il les fit déci-
mer, & paffer la dixiéme partie
par les armes ; ce que les Gardes
executerent , fans qu'aucun des
Chrétiens refiftât.

Rien n'eft plus beau ni plus
grand, que ce que dit à fes Soldats.

dats Maurice premier Tribun de cette Legion : ,, Que j'ai eû peur, chers
,, compagnons , que quelqu'un de
,, vous , sous prétexte de se défen-
,, dre , ne se mît en état de repouf-
,, ser par la violence une mort si
,, heureuse. J'étois déja sur le
,, point de faire pour vous en em-
,, pêcher, ce que fit Jesus-Christ
,, notre Maître , lorsqu'il com-
,, manda de sa propre bouche à
,, Saint Pierre de remettre dans le
,, fourreau l'épée qu'il avoit à la
,, main , nous apprenant que la
,, vertu d'abandon & de la con-
,, fiance Chrétienne, est bien plus
,, puissante que toutes les armes ,
,, & que personne ne doit s'opposer
,, avec des mains mortelles à une
,, entreprise mortelle.

. Exupere Enseigne de la Legion
tint à peu près le même discours
aux Soldats. ,, Vous me voyez ,
,, braves Compagnons , porter l'E-

____

(*a*) Saint Eucher Evêque de Lyon,

tendart

,, tendart des Troupes de la ter-
,, re, mais ce n'eſt pꝶ à ces ſortes
,, d'armes que je veux avoir re-
,, cours. Ce n'eſt pas à cette ſorte
,, de guerre que je veux animer
,, votre courage & votre vertu ;
,, vous devez choiſir un autre gen-
,, re de combat : car vous ne pou-
,, vez pas aller par ces épées au
,, Royaume du Ciel.

Tels ſont les ſentimens de tous
les grands hommes de l'ancienne
& de la nouvelle Loi. Telle a été
la Doctrine des Prophetes & des
Apôtres, telle enfin fut la conduite de tous les Héros du Chriſ-
tianiſme dans les premiers ſiecles.
Durant ſept cens ans après JESUS-
CHRIST, on ne voit pas un ſeul
exemple de revolte contre les Empereurs, ſous prétexte de Religion.

Il y a donc une conformité parfaite entre les lumieres des Saintes
Ecritures, & les idées que nous
avons donné de la Politique.

F I N.